独自成长的时代已经结束

社群领导力

独自成长的时代已经结束

〔韩〕李小瑛 ◎ 著

干太阳 ◎ 译

中国出版集团　现代出版社

读者书评

金道均（独立 IT 工程师，已翻译和撰写 40 本图书）

作为自我启发类图书，这是一部难得的佳作。本书如实地记录了作者与许多同事之间的经验交流。作者将技术的发展及其所带来的社会各个方面的急剧变化，尤其是人才方面的变化，通过国内外多方面的案例，描述得详尽而有说服力。若非长期从事 IT 行业，并与数千名来自世界各地的人才进行过交流，绝不可能做到这一点。

金虎光（Gamehub 总裁，在亚洲以数据区块链技术享有盛名的程序员）

如今是所有信息被公开、所有人都被连接在一起的超链接时代。在这个时代，我们要相信的并非学历，而是善于沟通和具备开放性的领导力，以及通过社群分享的力量。这本书告诉我们，沟通和同理心比学历更为重要，是时代的发展趋势。

刘正协（微软员工，文科出身，全球鼎鼎有名的程序员）

我就是本书中强调的"社群领导力"的受益者。作为非专业人士，我掌握的所有技术都来自社群。如今，我也把自己得到的一切通过社群回馈给社会。复合学科已成为当下一种主流趋势，一个人的技术再厉害，也无法仅凭一己之力获得成功。只有组建社群，在社群中吸收知识、共同成长，才能在社会上获得成功。

韩尚勋（Nexon 员工，除去纯情和幽默，只剩行尸走肉的热血程序员）
这本书的主要读者应该是年轻人。本书记录了很多他们未曾经历过的事情，比如微软、亚马逊、小米等企业关注社群领袖的原因，各种社群领袖的成长故事，以及作者本人作为社群领袖的一些真实经历等。对于那些面临学业问题和就业问题而感到迷茫的年轻人，相信这本书能够给他们带来极大的帮助。

金勋东（SK 通信员工，AI DevOps 团队领导人，大数据 &AI 社群领袖）
我不止一次见到高学历的团队成员却无法相互配合和提高团队效率的情况。学历虽然能够成为展现"我"的敲门砖，但并不能很好地对"我"进行描述。相比之下，社群的认可和领导力更能体现出"我"的潜力和价值。如果你想实现自我价值，成为在团队、公司以及社会中一直得到认可的人，那么你一定要认真读读这本书。

赵朱韩（在职教师，连接教育和软件的知名博主）
作为一名在职教师，我在这本书中看到了很多自己想对孩子说的话。我希望自己的孩子也能参与到这种全新形态的互助活动——社群中，成为引领社群的人。对于那些认为第四次工业革命时代的技术与自己无关的学生和家长们，我强烈推荐他们看一看这本书，然后重新思考一下学习的初衷和方法。

裴俊吴（SmallToBig 总裁，"走出人生的第三条路"就业 / 教育顾问）
这书本介绍了"聚在一起学习和分享的社群领导力"。它一针见血地说明了，在如今这个瞬息万变的时代，社群领导力为何能够成为核心竞争力。书中收录了很多真实案例和采访内容，所以很生动，也很直白。

高贤廷（OfficeCloud 理事，每周有 5 天为顾问、有 2 天为"多兴趣综合征患者"）
在这本书中，让我印象最深的一句话是："在教导别人时，自己学到和成长得最多。"它还告诉我们，实践这句话的最好方法就是社群学习。相信这本书会给那些不知道该如何选择专业的高中生、只顾着积累知识而对步入社会没有任何规划的大学生，以及切身体会到"公司不是学校"的社会新人给予很大的帮助。

李希振（Mcloud Toucter 公司总裁，与两个孩子一起成长的社群领袖）
本书中翔实罗列了很多人在现实中遇到的各种烦恼和解决这

些烦恼的过程。他们并不是那些想要自行解决问题的人，而是一群分享烦恼、共同摸索解决方案的人。他们的故事，将成为读者们的宝贵经验。强烈建议在校生、即将就业的毕业生和社会新人们都来阅读这本书。

朱珉奎（Recursivesoft 法人代表，35 岁成为程序员的釜山汉子）
这是一本写满了活生生的人生故事、可读性极强的书。它如实地记录了作者丰富的经历。这也是一本内容严肃的书。读完它，会让人不由自主地思考自己和下一代的未来。相信它一定会让很多人受益匪浅。

宋尹喜（家有高三女儿、喜欢挑战的 IT 讲师 & 顾问）
在读完这本书、合上它的那一刻，留在我的脑海中印象最深刻的一句话是"向着善良的目标一同成长"。在我看来，成功固然需要能力，但更要将善良的意志和正直的人品作为基础。而这本书的内容与我的想法不谋而合，所以产生了很多共鸣。

蔡恩静（Euclidsoft 总裁，连接喜欢科学的孩子们与退隐科学家的社群领袖）
这本书所讲的内容与我正在准备的、以青年女性为对象的讲座内容十分相似，所以在阅读过程中我不止一次拍案叫绝。这本书如实地描述了当今时代的人们最需要了解的部分。由于作者通过具体的事例来说明当前连接智能和协作智能的重要性，因此更有说服力。作者长久以来的努力和她想要向我们传达的信息震撼了我。独自成长的时代的确已经结束。

李京龙（APP 研发企业 APPTools 总裁，韩国众多初创企业和学生们的导师）
每当有新技术面世时，都会有相关的社群随之出现。人们通过这些社群共享信息，进一步提升了技术的价值。本书讲述的正是有关领导这些社群的人们的故事，在这里，你可以找到当今时代社群存在的意义，以及在社群中共同成长的方法。

金庆焕（正在为 AI 时代做准备的会计师兼税务师）
这本书我读了不知多少遍，中间也曾犹豫过，因为舍不得一口气全部读完，更害怕不知道建立社群后该如何成为社群的领导，所以一直找借口没有继续读下去。但我渐渐发现，对现在的我来说，这才是最重要的事情。于是，还没读完这本书，我就已经联系了那些志同道合的朋友们，约定了商谈建立社群的日期。这本书就是这么有说服力。

当今时代，什么样的人才能称得上是"新型人才"？

众所周知，以前只要从名牌大学毕业，就能进入好公司，然后靠着同门师兄和前辈、后辈们的情谊，就能在职场上过得顺风顺水、高枕无忧。然而，那个时代已经成为过去。如今，企业和工厂不会再盲目地招聘名牌大学的毕业生。事实上，很多企业并不是很青睐那些如一张白纸般的职场新人，无论他们是否毕业于名牌大学。更何况，如今的商业形势瞬息万变，企业未必会有多余的时间来对新人们进行相关的业务培训。

即使面对这样的情况，很多学生和家长仍在为考入名牌大学而竭尽全力，而他们的努力正逐渐失去方向，最终陷入彷徨。即使好不容易考入喜欢的大学，用 4 年的时间全力以赴积攒各种"资历"，但想要跨过就业的大门，仍不见得是一件容易的事情。那么，问题到底出在哪里呢？

这本书收录了一些有关"后学历时代"人才本质的案例。这些事情并非毫无依据的纸上谈兵，而是我在国内外采访或调查过的 2000 多名软件工程师的亲身经历。

我大学毕业的时候，正值 20 世纪 90 年代亚洲金融危机时期。由于一直没能找到合适的工作，我就与几位大学生朋友一起创建了一家网络公司。这也是我初次踏入 IT 行业。后来，我又辗转好几家公司，最终进入微软公司，一干就是 15 年。如今，我担任着微软亚洲区的区域经理，在一个管理技术社群领袖的团队中工作。

在我管理社群领袖的工作期间，直接或间接遇到过 2000 多名有着不同国籍的软件工程师，他们分布在澳大利亚、新西兰以及包括韩国在内的全亚洲地区，少说也有 20 多个国家。他们的工作大都是软件开发，或者做一些有关 IT 工程和智能办公的事情。在他们当中，95% 都是男性。虽说女性的比例较小，但我也遇到过不少巾帼不让须眉的职场女性。

不过，有一点很奇怪，那就是我完全不清楚他们的学历。因为公司只认可他们在这些年来孜孜不倦地开展社群活动的过程，以及他们通过这些活动展现出来的个人专业能力和影响力。换句话说，跟毕业于哪所学校相比，公司更看重的是他们学过什么、如何学习、能在团体中起到什么样的作用等条件。

在重视个人实力和人品的软件行业中，有一种潜规则，那就是从不看重一个人的年龄、种族、学历或性别，而只看他的努力和实力。当然，这种规则并不是自然产生的，而是向往这种文化的全球软件工程师们在创建社群、开放源代码、对抗巨头企业、精诚合作的过程中一点点地建立起来的。

因此，世界顶级的 IT 企业和发展迅速的初创企业往往都会拼命拉拢创建这种文化、同时向人们传播向善的（技术方面的）影响力的社群领袖。

在这本书中，我将讲述有关这些软件人才和他们所创建的社群的故事，尤其是社群领袖的影响力，我也想向大家阐明和强调，社群领导力是我们在瞬息万变的未来生活中必须学习和掌握的能力这一事实。

实际上，我所遇到的社群领袖并非都来自公司的高层，但他们无一例外都有着自己先学习、再与别人分享的心态。这种学习方法不但能够有效地积累知识，还能将自己培养成世界顶级企业所需的人才。在微软工作的 15 年里，我切身地体会到当公司以拥有这种社群领导力的人为核心运转时会发生何种惊人的变化。

众所周知，当名牌大学出身的史蒂夫·鲍尔默领导微软时，微软十几年来一直都在走下坡路，而当毕业于印度一所不知名的大学，仅在美国的某所普通大学留过学的印度人萨提亚·纳德拉就任微软总裁之后，情况马上就发生了转变。他不仅将原本处于颓势、渐渐被人们遗忘的微软直接化身为革新的标志，还将它重新推上全球市值第一的宝座。

在经历这两位总裁的领导后，我切身体会到要想在当今时代生存下去并获得成功，就必须具备沟通力、同理心、开放性，以及热爱分享的文化和心态。这种文化和心态与学历并没有任何关系，而是具备社群领导力的人才能拥有的核心竞争力。

事实上，大家没必要把它想得太复杂。即使是我那正在上初中一年级的儿子和完全不懂软件为何物的自由艺术家丈夫，在读过书中的部分内容后，也能轻易付诸行动。因为这本书中不但会讲述数十位社群领导的真实案例，还会传授具体的实践诀窍。

在写这本书的时候，我只有一个愿望，那就是，希望读过这本书的人们能够亲自实践社群领导力。这个目标没必要定得过于远大，只要是自己在现在所处的位置上能够开展的事情就可以。即使是以一些微不足道的事情作为起点，只要能够跟与自己有着相同目标的人们一起愉快地实践，相信总有一天能够给你带来惊人的收获。即使未来遭遇任何困难，那时的你也已经具备能够突破难关的强大力量。

在写这本书的过程中，我迫切地希望在我们公司的各个部门，以及社会的每个角落，能够实践"沟通、同理心、开放性、分享"的社群领袖们会源源不断地涌现；希望在学校和家庭中，孩子们也能保持宝贵的学习热情，一直实践下去；希望那些为了带动其他人共同成长而付出热情和汗水的人们能够得到社会的认可，以及抱有这种认可态度的企业和学校能越来越多，从而开启最适合"后学历时代"的新领导力时代和新人才时代。

PS：想要了解我那位自由艺术家丈夫的"社群挑战记"的读者们，可以从最后面的结语开始阅读。

特别鸣谢：
最后，我要对作为我实践社群领导力的终身榜样——我的父母表示由衷的感谢。

目录

第一章

社群领袖究竟是什么样的人

第二章

微软重回市值排名第一宝座的秘密

第三章

为什么众多世界顶级企业会关注社群领袖

第六章

社群领导力贴心指南

第一章

社群领袖
究竟是什么样的人

COMMUNITY
LEADERSHIP

"我真的以为只要学习好就够了。

但到头来，发现事实并非如此。

单单学习好，根本成不了事。"

企业不青睐高学历
精英的理由

我以为学习成绩好就够了

"理事，您以前学习一定很好吧？我当初学习也很好的。"

几年前，某次吃午饭的时候，我们团队的尹科长没头没脑地对我说道。当时，她跟公司签的两年劳动合同即将到期。尹科长这个人长相秀气、性格腼腆，给人一种"乖乖女"的感觉，但我不明白她为何会突然向我提起学习的事情。难道是合同即将到期，需要继续找工作的事情让她感到迷茫？猜不出缘由，我也不好作答，只能默默地等着她继续开口。

"记得小时候，只要学习好，周围的大人们就会很高兴，也会认可你。我就是因为这样，才那么拼命地学习……"

尹科长不仅毕业于名牌大学英语专业，还在韩国 SKY 大学① 攻读了 MBA 课程。现如今所谓"精英女性"指的便是像她这样的人吧。据她所说，她一直背负着父母的期待，而且她自己向来也很自信。

"可是理事，我发现一个人即使再认真学习、学习成绩再好，也没什么用。"

据说，在即将大学毕业时，尹科长也和其他年轻人一样，雄心勃勃地给韩国国内的各大公司投去简历、参加面试，但最终都被淘汰了。其间，倒是有几家中小企业愿意接纳她，但由于迈不过心中的那道坎，她最终没有选择去中小企业就职。当时的她，一度感到非常委屈。

"为了现在的这一切，我付出了多少，怎么可能就这样委身于区区一家中小企业？"

———————————

① 指韩国最著名的三所综合性大学：首尔大学、延世大学和高丽大学。

尹科长最擅长的就是学习。于是，她又进入某所国内最高学府的经管学院继续深造。她认为等自己"镀金"后再就业时，进入国内顶尖的外企应该不是什么难事。然而事与愿违，虽然她在面试中表现得谦逊、彬彬有礼，同时又不缺乏果断和自信，但结果依然令她心灰意冷。

"我真的以为只要学习好就够了。但到头来，发现事实并非如此。单单学习好，根本成不了事。"

说起来，这种情况并非只有尹科长一个人经历过。在韩国，想必绝大多数"喝过墨水的人"都应该有过这样的感受。

很多人始终不知道自己为什么而学习。或者说，他们只是为了考出好成绩而学习。在他们看来，只要以优秀的成绩考上好的大学，再以优秀的成绩毕业，好工作就会等着他们挑选。于是有的人花光了精力充沛的 20 多岁还不够，到了 30 多岁还在学校努力学习。然而，当他们孜孜不倦地学完知识，站到就业的风口浪尖时，他们就会像尹科长那样尝到被学习"背叛"的滋味。之后，他们会和其他苦命的青年们一样，与残酷的现实作斗争。

以下是 2018 年上半年就业季结束后，《首尔经济新闻》刊登的一段报道内容：

首尔各大名校实际就业残酷现状:

首尔大学 40%、高丽大学 54%、成均馆大学 59%……

实际就业率相差 20%。

当然,这绝非名牌大学的毕业生们才会遇到的窘境。但是在韩国,名牌大学是家长和孩子们倾尽所有的财富和时间好不容易才挤进去的,到头来却有超过一半的毕业生因无法就业而选择进入研究生院继续深造或准备公务员考试,这是何等讽刺的事情?

与现实脱节的学习

不久前,我给在上初中一年级的儿子停掉了数学辅导班的课程。记得我当初让孩子上辅导班的原因是,他在小学六年级的时候,跟我说过"想要让成绩名列前茅就得上辅导班"。这种辅导班每周上 3 堂课,每堂课上 3 个小时,回家之后,孩子往往要熬到晚上 10 点、11 点才能做完辅导班的作业。我还听说,有的孩子甚至一直做到晚上 12 点或凌晨 1 点才能上床睡觉。然而,即便如此拼命地学习,孩子在考试时还是会经常做错题。更夸张的是,辅导班老师最近还给我发来短信,让我给孩子准备初中三年级的教材。直到这时,我才意识到这样下去不见得是什么好事,便说服百般不愿意的孩子,让他不再继续上辅导班。不难猜出，大部分考入名牌大学的孩子从上小学起就开始承受这种煎熬了。

然而，企业并不渴求这些靠个人努力学习成才的名牌大学学生。若是有人看过曾经引起人们热议的 EBS 纪录片《首尔大学 A+ 的条件》，便不难猜出其中的一些缘由。

当时，首尔大学教育学习开发中心的李正慧所长，曾抱着"调查韩国顶尖精英的学习方法，给其他学生树立典范"的目的进行了一系列调查，但调查结果却令众人大失所望。出乎她预料的是，拥有首尔大学 A+ 成绩的学生们的学习秘诀竟是"将上课内容进行录音，然后抄到笔记本上死记硬背"。事实证明，经过小学、初中、高中乃至大学阶段的"驯养"，应试教育已经深入他们的骨髓。

在他们的世界中，考试总是有预期的答案，而努力学习也是为了在考试中答出比别人更多的"正确答案"。而当这些青年走出象牙塔，正式踏入现实生活中时，自然会迎来一波又一波打击，因为现实中并不存在所谓的"正确答案"。

另外，与现实脱节的学习和对现实世界的抽象理解，会让他们下定"企业的要求与我不符"的结论。我们可以想象一下，通过书籍学习厨艺的人真正就职厨师时的场景：四周都是滚烫飞溅的热油，帮厨师傅又总让他做剥洋葱皮之类打杂的活儿。如此一来，他肯定会感到委屈和后悔，说不定还会生出"我当初那么拼命学习，难道就是为了做这种事情"的念头。最终，他会觉得肯定有其他酒店或餐厅能够开出与他实力相符的待遇，从而在学到真正的厨艺，成为一名出色的厨师之前决定辞职。

　　一份有关韩国青年离职率的统计资料表明："在经过一两年的求职过程，成功就职的大学毕业生当中，约30%的人会在就业不到一年的时间里递交辞呈。"更令人惊讶的是在所有年轻就业人员当中，大约65%的人会在15个月内选择离职。而其中大部分离职者又会为了准备"自己觉得安逸的、有预期答案"的各种考试，而再次回归独自学习的阶段，做出远离现实世界的选择。

时过境迁，
但学习方式却一成不变

无论在哪个时代，学习都很重要。可以说"国民对学习的热衷"是使韩国从战争废墟中重新崛起、跻身世界经济强国的动力之一。

无论是在以软件工程为中心的第四次工业革命时代，还是因手机革命使消费方式发生骤变的当下，学习始终起着非常重要的作用。然而，过去的学习方式已经无法适应这种骤变。虽然谁都明白教育改革势在必行，但是还没有人能够拿出有关改革的确切方案。因为这其中包含着无数错综复杂的利益关系，并且韩国教育的重点依然是针对高考。

大家如果到书店的教育类书籍区看一看，就会发现，那里大部分与教育相关的书籍，都是以服务于高考这一最终目的为宗旨的。然而，在当今社会中，单凭大学毕业证已经无法证明自己的价值。为什么会这样呢？

为了解答疑惑，我特意拜访了当时正准备于 2019 年开馆的创新学院（Innovation Academy）的首任院长——韩国国民大学软件工程学院的李民石教授。创新学院是由政府主导的教育机构，它的创建借鉴了法国著名软件工程教育机构 Ecole 42 的教育方式。

李民石教授平时在大学教授课程，放假时还会开办面向高中生的软件工程训练营、面向大学生的黑客松①，牵头开展软件行业的前辈和后辈的交流活动等，可以说，他一直在为培养软件工程人才而进行各种尝试和努力。此外，他还是由 NAVER 创立的软件工程学院 NHN NEXT 的创始人之一，曾担任过第二任院长，是韩国软件行业公认的"老手"。他给我讲了自己任职于 NHN NEXT 时，在招聘员工过程中发生的一件趣事。

"记得当时在众多的应聘者中，有两位大学毕业生进入了最终一轮面试。其中，一位是从首尔某著名外国语高中考上某名牌大学，而后跟着一位著名教授求学的学生；而另外一位则是在一所专科大学学习音乐的学生。在进行面试之前，我原本以为被公司录用的会是前者，只是那位学生的回答过于形式化，总给人一种事先背熟了答案的感觉。比如，我听说他在学校时调查研究过一些善于创新的杰出人物，便问他什

---

① 黑客松是"编程"和"马拉松"的合成词，指电脑专家们长时间聚在一起，合作解决某项特定问题的活动。

么样的人能称得上'创新人物'，他却支支吾吾回答不上来。

"而第二位学生却不一样。他不但能唱广告主题曲，还懂得编曲，显得很与众不同。据他所说，他不但喜欢唱自己创作的歌曲，还喜欢教别人唱歌。后来，他在观察别人唱歌时发现，歌曲能够唤醒人们藏在心底的勇气。然后，他又滔滔不绝地给我们讲了他如何帮助别人激发出内心的勇气，结果又如何等经历。

"面试结束后，我询问了那位即将领导职场新人的经理，打算录用哪一位。我对他说，如果选第一位学生，他或许要分出自己20%的时间来给对方进行业务培训，但分配下去的任务，对方肯定能够干净利索地完成。然而，那位经理最终选择了第二位应聘者。因为他认为第二位应聘者更知道自己要做什么，而且在知道自己的不足之处后，也会通过学习来弥补。"

重要的是自主思考和提问的能力

可惜，如果按照当前的教育体系，取得优秀成绩的往往都是类似于第一位应聘者的学生。如今，孩子们自主思考和自主提问的机会变得越来越少。因为很多"好心"的大人们会提前为孩子们排除那些他们需要苦恼和克服的问题。

如此一来，孩子们就会根据父母、学校老师及辅导班老师的指引，全力以赴地成长为最适合应试的人才。久而久之，他们自主思考和提问的能力就会明显地下降。

"我接触过很多学生，但无论是首尔大学，还是普通大学，学生们学习知识的速度和能力并没有太大的差距。不过，在一些重视韧劲和坚持的领域，确实存在一些差距。例如，在做调研报告时，首尔大学学生的速度确实很突出，但在其他方面并没有领先多少。即便事实如此，在大脑活跃的青少年时期，大人们仍然热衷于让孩子做更多的标准化测试题。这种情况让我觉得很无奈。"

李民石教授继续向我痛陈。

在工业化初期，社会确实需要这样训练出来的老实人。但在那个时期，公司里只要有一个精英团队能够模仿国外的成功案例，并提供准确的任务及相关说明书，而其他员工们只要能够充分理解这些说明书，并能迅速、准确地执行分配到的任务，就能保住"铁饭碗"。

但如今，世界的变化太过迅速，只依赖领导人的判断是根本行不通的。况且，这种变化的速度还将越来越快。如今，不但每个人都要懂得自主思考，每个团队也要各自制定并实现目标。而随着熟悉这种变化和懂得应对变化的企业越来越多，名牌大学的头衔自然会显得越发黯淡。这种现象并非只有名牌大学学生们才会经历，很多为了写出"正确答案"而学习的学生都会莫名其妙地尝到被学习"背叛"的滋味。

我在微软遇到过的各种
不知名大学毕业的、高中学历的、
文科专业的员工们

我的 IT 入行记

我的大学专业是英语教育学，可以说与 IT 行业毫无关联。直到一次偶然的机会，我与大学的前辈和后辈们一起创立网络公司，这才与 IT 结下不解之缘。事实上，在亚洲金融危机猖獗的时期面临着就业的难题，我几乎没有选择的余地。虽然明知自己经验和实力严重不足，但年轻人不言失败，于是我就这样将自己从 25 岁到 30 岁这几年的青春年华献给了 IT 行业。公司创立后，我通宵达旦、忘我工作，但公司连 3 年都没有挺过去就宣布破产了。那时，我的工资刚刚从原本的 50 万韩元涨到 100 万韩元。后来，我又去了当时势头正盛的初创企业

NEOWIZ，最终进入世界顶级 IT 企业之一的微软，而且一干就是 15 年。

不过，即使进入微软后，我的情况也并不乐观。因为我在进入公司后就成为管理 MSN 的项目经理。当时，MSN 是月活跃用户高达 1500 万的国民网络通信工具。可是在我进入微软不到半年的时候，作为竞争对手的 SK 突然推出了名为 Nateon 的聊天工具，而且上市后短时间内就将 MSN 打得节节败退。

于是，我就在业绩日益下滑的网络服务部门孤军奋战了整整 7 年。一连 7 年做着忍辱负重的工作并不是一件简单的事情。不仅如此，当时在韩国有很多骗子在 MSN 上伪装成好友进行网络诈骗。每天早上一上班，我就要面对很多冲进办公室里嚷嚷着说自己被黑客骗走 500 万韩元的大叔和一些哭哭啼啼的大婶。甚至在怀上二宝的时候，我还曾好几次因这种问题被叫到警察局和法院。听到这些，那些梦想着进入微软后就能做一些"体面"工作的毕业生肯定会感到十分失望。但现实世界就是如此。事与愿违，这就是现实世界、职场生活的真实写照。

作为世界顶级企业，员工的资历太寒酸了？

在微软工作的 15 年间，我遇到了各种各样的人。作为跨国企业，在这里工作的员工不仅来自很多不同的国家，而且学历和经历也很复杂。例如，我曾与哈佛大学、韩国科技学院的毕业生们共事过，也曾与毕业于地方大学和专科大学的，甚至是高中学历的员工们一起工作过。另外，他们也并非全都学习过相关的电脑知识，像我这样的文科生和根本不懂计算机语言的员工也不在少数。作为全球市值排名第一、价值高达韩国年度预算的 3 倍——1200 万亿韩元的企业，员工的学历看起来确实很寒酸。

至于微软公司里为什么会有不同的学历和经历的员工们存在，这就要从微软的员工招聘过程说起。不同于韩国本土企业，外资企业几乎很少会录用职场新人。当然，有时候公司会出于回馈社会的目的，特意雇用 10 名以内的职场新人，但这个数量也呈不断减少的趋势。反之，如果有职位出现空缺，公司就会完全根据应聘者的资历来雇用员工。因此，每次面试时，面试官未必会询问应聘者是哪个学校毕业的。因为除了一些特殊的领域，毕业院校和所学专业在实际工作中没有任何用处。相对地，他们会更加严格地审核应聘者曾学过哪些东西、有什么资历、适不适合公司的岗位需要等信息。之后，面试官们会向应聘者的前同事们询问应聘者的口碑，确认对方的人品或团队合作能力。在这方面，无论是微软总公司，还是遍布全球的分公司，都是相同的。他们会采用统一的标准来筛选新员工。

不过，即使被公司录用，也不意味着就可以高枕无忧。就拿我曾经隶属过的 5 个团队来说，至今没有哪一个团队能一直存在下去，它们要么被合并，要么就是被裁掉。

不仅如此，微软公司每年都会以"Blueprint"的方式发布没有存在价值的职位。至于那个职位上的员工多么努力地工作、曾创造出何种辉煌的成果，这些并不重要。只要公司认为这个团队、这个职位没有存在的必要，那它就得消失。那么，即将消失的团队中的员工们、记录在"Blueprint"名单上的员工们该怎么办呢？他们只能自己寻找出路。虽然公司会在一段时间内尽量将他们调动到其他部门，但总的来说，还是需要靠自己的关系网和能力，改头换面重新找到新的雇主。

那么，当遭遇到像丛林法则一样的残酷现实时，那些花费了半辈子只为寻找正确答案而独自学习的人们会作何感想呢？或许，他们会感到很慌张、很混乱吧。在他们看来，这种情况就像是判卷老师指着错误的答案说是正确的一样，令人难以接受。而事实上，我也并非一开始就能适应这种变化无常和残酷的现实。

生存到最后的人们的
共同点

微软的 MVP

在公司里待得久了，我渐渐也能看出哪些员工能生存到最后，哪些同事即使遇到任何困境，也能克服过去。经常将同校情谊挂在嘴边、喜欢在公司组织"××学校校友聚会"的金常务，有意无意地在人前显露"海归派"出身、喜欢拉帮结派的李部长等人，不知何时就在公司里失去了踪影；与之相反，周末组织各种学习会的李博士、即使没有人要求也时常以演讲人的身份出席周末研讨会的金部长等人则一直留在公司，或者这些人哪怕离开公司，没过多久，就会传来他们找到更好去处的消息。

当然，并不是人人都一样。但我发现他们的成长过程都有一个共同点。这个共同点并非只存在于微软员工的身上，我在工作中遇到的众多技术人员的身上都存在这个共同点。而说到这个共同点，就不得不提起我的"微软生存记"。正如之前所说，进入微软公司后，长达7年毫无胜算的挣扎使我身心俱疲。于是，我想做一些真正有价值的事情。

就在这时，我遇到了微软花费20年的心血打造的微软MVP（Most Valuable Professional，最具价值专家）管理团队。在之后的3个月内，我一共参加了6次内部面试。由于这个团队在美国西雅图总部管理世界各地的员工，所以面试的内容大都是通过英语来进行的。在经过费心耗神的历时3个月的面试过程之后，我终于如愿以偿地进入了MVP管理团队。从那时候开始，我逐渐发现，在这个团队里工作时遇到的世界各地的MVP与我之前遇到的人们，有着极大的不同之处。

微软的MVP是颁发给那些活跃在世界各地的外部技术工程师当中社群领导力最卓越的人才的一种奖项。他们在各自的IT领域中拥有顶尖的实力，但又不会独享自己的技术，而是会选择不求回报地分享给需要的人们，从而帮助技术共同体一起成长。而我要做的事情就是找出这些社群领袖，并告诉他们微软MVP的存在，然后帮助他们成为MVP，同时给予他们支持，使他们能够更出色地发挥社群领导力。

在澳大利亚悉尼，澳大利亚和新西兰的社群领袖们的聚会场景

　　起初，我只是负责韩国的 MVP。后来，我接手了澳大利亚和新西兰。两年后，我又接下了新加坡和整个东南亚的 MVP。如今，我已经成为管理包括中国、日本、印度等国在内的整个亚洲地区 MVP 的区域经理。我会在除了欧洲和美洲大陆之外的地区搜寻 IT 专家，并观察他们是否具有可以成为微软 MVP 的资质，并选择有资质的专家给予鼓励和培养。从我进入 MVP 管理团队开始到现在，我观察的 MVP 候选人大约有 2000 人，而其中有四分之一，即大约有 500 人最终成了 MVP。而这其中又有四分之一，即有 100 多人成了微软的员工，他们来往于世界各地，辛勤地工作。当然，即使没有成为微软

员工，微软 MVP 们依然在 IT 行业的各个角落里发挥着重要的作用和不可忽略的影响力。

为了自己和共同体的成长，孜孜不倦地学习的人们

那么，究竟是什么让他们不同于其他的 IT 技术人员，成为微软最想要录用的员工呢？另外，正如上文提到的，能够在丛林一样的公司里一路高歌猛进、生存到最后的员工们又有哪些特征呢？我指的是那种不只是在微软，在其他任何地方都能成为被需要的人才，因此从不缺乏机会，甚至还可以根据"个人喜好"挑选工作的人们的特征。

国际市场就像瞬息万变的战场。即使是像微软这种拥有强大市场竞争力和庞大资本的公司，若不能有智慧地应对这种变化，说不定下一刻就会迎来危机。就连巨头企业都战战兢兢，更何况是渺小的个人呢？即便一个人的能力再出众，若不能看清大势，无法灵活地应对，之前的所有辉煌都可能在顷刻间化为乌有。这就是现实。

因此，可以说能够生存到最后的人，大都是努力想要看清大势并灵活地改变自己来应对变化的人。另外，他们都有一个特点，那就是会为自己和共同体的成长，一直孜孜不倦地学习。不过学归学，他们绝不会独自学习那些有"标准答案"的

知识，而是与现实中活生生的人们一起学习。他们的学习方式往往是先自己认真地学完后，再抱着回馈社群的想法，分享给别人，而且这种学习方式会持续很久。

微软将这样的人称为"社群领袖"，并千方百计想要将他们纳入自己的阵营。至于我，则是在此基础上稍稍对它进行了升华，将这种学习方式命名为"社群学习"，并打算将它介绍给那些正在不安地为现在和未来做准备的人们。当然，这其中少不了大量的成功案例和具体的实践方案。

社群领袖，
他们是谁

被称为社群领袖的人们

由于工作的关系，我要与包括韩国在内的全世界各种 IT 专家们打交道。遇到的人多了，我就自然而然地将他们划分为 3 种类型：

第一种类型是为了掌握某项技术或考到某种资格证而全力以赴地学习，直至达成目标的人。但是一旦实现所期待的目标，他们就会满足于此，不会再产生学习其他领域的知识或发展人脉的欲求。他们每天只关注眼前的问题和成果。这一类人可以称为"目标指向型"。

第二种类型是天生的学习者，每一天的生活都是为了学习。他们对新知识如饥似渴，每天都为了不落后于时代潮流而认真地活着：时常关注新出版的图书；会定期翻阅 IT 杂志，收看新闻报道，或参加培训班；若是有重要的研讨会，也会尽可能去参加；另外，为了了解业界动向，他们在下班后还会联系同行、组织或参加饭局和酒局。这一类人可以称为"自我发展型"。

不过，我最关注的还是第三种类型的人。他们与前两种类型的人一样，也会非常认真地学习。但他们不满足于此，而是会选择将自己学到的知识以各种形式传授给别人。例如，将自己的学习内容在博客中进行分享，或将它上传到视频网站上，又或是召集正在学习相同内容的人们建立社群，然后在线上或线下给他们讲课，等等。如果得到了什么好信息，他们还会通过推特、脸书等社交网站，尽可能地传达给更多人。如果看到这些信息的人们向他们表示感激或提出疑问，他们会非常有成就感，然后更加用心地去做这些事情。"今天分享什么技术好呢？""哪种技术能够给人们带来更大的帮助呢？"他们的心中总是充满了热情。另外，他们还会将自己长久以来积累的"秘诀"整理出版，或者为别人翻译相关技术的书籍。

而我们所说的社群领袖，指的正是第三种类型的人。为了能够将他们拉入自己的阵营，我和公司一直在小心翼翼、坚持不懈地做着各种努力。如今，除了微软、亚马逊、谷歌、脸书等知名 IT 企业也都在世界各地设立了属于自己的社群管理团队，而且也在不断加大对社群领袖们的投资。

现场中最高效的社群学习

那么，这些社群领袖只是因为喜欢交朋友，才无私地耗费自己的热情和时间，投资在与别人分享信息的事情上吗？更何况，如今要维持生活就已经够忙的了，这种方式的长期投入真的有意义吗？

不论是有意还是无意，第三种类型的人都有着那些只为实现自己的目标而独自学习的人们所不具备的各种优点。尤其对于 IT 技术这种实践比理论更重要的领域来说，更是如此。

我们不妨回想一下，前文中那位通过书本内容来学习厨艺的厨师吧。就算他的考试成绩再好，当真正进入"实战"后，他在厨房里是否能够像自己想象的那样游刃有余呢？想要成为一名出色的厨师，在厨房中的实践过程是必不可少的，因为他需要用自己的身体去感觉和熟悉"什么时候该怎么做"。

有些人即使一开始在社群中表现得有些生涩，然而，经过与其他社群成员的一同实践、不断重复的过程之后，就能变得得心应手。像这样，在经历多次失败后，人们总会找到正确的道路。

但这种方法真的只局限于 IT 等技术领域吗？

知识在与现场融合时，最能发挥强大的作用。例如，在学习历史时，只看书本上的文物照片、死记硬背历史事件发生的时间、地点与亲自去看实物、探访历史遗迹，这两种学习的效果有着很大的差别。另外，了解了先贤们的智慧，还要将这些理论运用到现实问题上，才会产生意义。

由此可见，大部分的学问都是在现实世界中与我们一同呼吸一同变化的。我们不应该读死书。只有对学问、技术感兴趣的人们聚在一起，进行对话和讨论，并将其运用到现实中，才是真正灵活的学习方式。这就是社群学习能够被应用于众多领域，也应该被应用于众多领域的理由。

强大的人脉力量

社群学习的另一个优点，是可以通过一起学习和分享知识来不断扩大自己的影响力。因为在社群里学到的知识并不是属于"我的"，而是属于"我们的"，所以人们对在网上共享知识这件事没有排斥感。甚至，有些人会为了更好地传播更多的知识而用尽各种方法。得益于发达的网络和社交媒体，制作精良的内容会对无数人产生影响。如此一来，制作这些内容的人的影响力自然就会变大。就是说，虽然只是一起学习和分享了知识而已，人们却将他当成这一领域的高手。下面将要讲述的采访内容的受访者——微软公司的金荣煜部长就属于这种情况。看了他在社群中与人们一起学习的过程对他的影响力有什么贡献，分享知识为他创造了怎样的机会之后，大家就能够切实体会到社群学习的好处了。

社群学习的第三个优点就是强大的人脉力量。人们都知道人脉的重要性，但并不知道应该如何建立人脉。他们或许尝试通过同校之谊、同乡之情来建立人脉，但这种老套的方法如今未必行得通。此时，能够毫无负担地扩展人脉的方法就是参加社群活动。社群中不只有学生，还聚集着各行各业的员工、管理层等来自多种阶层的想要学习新知识的人们。另外，社群建立的目的就是让大家对共同关心的事情进行探讨和学习，所以这种关系通常可以维持很长时间。如此一来，大家很容易就能遇见和自己志同道合的人，进而建立起能够长期发挥价值的人际关系网。

简单来说，社群可以定义为"拥有共同目标的人们所组成的团体"，但它不仅限于网络社区或俱乐部等无形或有形的空间。例如，我儿子比较热衷的"交通工具爱好者小组"，就是主要以运营各自的博客、互加好友的方式维持着松散关系的社群。另外，韩国 Naver 网站上的"知识人"或 IT 技术人员经常光顾的 StakOverFlow 网等在线论坛，以及面向开发者们共享程序源代码的 GitHub 网站等都可以看作社群。在社交媒体得到发展之前，人们只能通过群发电子邮件等方式组建社群；而如今，只要通过脸书、推特、Meetup 等网站就能轻易组建社群。

社群领袖就是通过各种方式领导社群的人。由于社群是人们自发组成的团体，所以社群领袖往往是自然选拔的，即奉献更多、学习更多、分享更多知识和信息的人会自然而然地成为社群的领袖。而本书中所提到的"社群领导力"则是指将自己所掌握的知识最大限度地进行传播，从而使人们自发地倾听自己的意见或信息的能力。

一方是兼备理论能力、业务能力以及领导能力的社群领袖，另一方是独自认真学习理论知识、心中充满抽象的自豪感的"聪明人"。如果你是公司的经营者，你会雇用哪种人来一起工作呢？

750 名当中的第 700 名，
如今却是微软最佳发言人——
金荣煜部长

　　金荣煜部长出生于韩国釜山，是家中六兄妹中的老幺，目前在韩国微软公司担任公共部门的技术专家。能将晦涩难懂的技术讲解得通俗易懂，是他特有的能力和天赋。因此，每当有媒体采访询问有关 IT 技术方面的问题时，公司都会派他来进行解答。另外，他还出版了《War of IT》《即时通信编程》等技术领域的畅销书，积极地传播着自己所掌握的知识。

　　然而仅凭这样充满专家范儿的形象，人们很难想象，学生时代的他却是一个问题少年——考试成绩在全年级 750 名学生中排第 700 名，还跟釜山地区的混混们混在一起。甚至，在初中毕业时，他还被学校通知，没有任何一个高中愿意接收他。哪怕后来他好不容易考进了釜山电子工业高中和东义科学专科大学，他的生活也依然与学业渐行渐远。那么，这样的人又是如何在 40 多岁的时候，成为在世界顶级 IT 企业微软公司中传播最新技术的专家呢？

由于家里兄弟姐妹很多，加上父母工作很忙，所以金荣煜从小很少得到来自父母的关爱。但正是因为不太被父母关注，他才能自由玩耍着长大。而这样的他也毫无例外地迎来了青春期。"当时，我对任何事情都提不起兴趣，就连上学也是三天打鱼两天晒网。唯一让我感兴趣的是读书。当时看过的《我亲爱的甜橙树》和阿尔贝·加缪的《局外人》等书籍，都成为使我成长的养料。"不过，因为学业荒废，他的中考成绩没能达到高中录取分数线。"当时看到父母失望的样子，我才决定做出改变。"

看到自己中考落榜后父母伤心的样子，15 岁的金荣煜也感到十分沮丧。但当时他的家庭条件承担不起请家教老师的费用，关键是，端坐在书桌前学习这件事让他感到非常拘束。于是，他经常叫来平时跟自己玩得开的混混朋友们，一起研究对策。

"事实上，成绩差或者不喜欢学习的青少年不见得都是坏孩子。他们只是觉得学习太难，也没什么意思，所以很讨厌老实坐着而已。但他们学习不好，并不意味着他们不会考虑自己的将来，或者不认真对待自己的人生。"

讨论后，他们一致达成了"玩归玩，但一定要考上高中"的决定，于是，原本的问题少年们也渐渐开始改变。由于学习进度落后太多，他们干脆放弃语文、英语、数学等科目，制定了主攻背诵科目的学习策略。自认为读过不少书的金荣煜先一步学完课本知识，然后针对可能要考的内容进行押题，再给其他人进行辅导。通过这个过程，金荣煜也巩固了一遍之前学过的内容。最终，那些一起学习的问题少年朋友们，都和他一起考进了釜山电子工业高中。

　　不过上了高中后，金荣煜忙着参加话剧社团的活动，又将学习的事情抛到了脑后。高中毕业后，金荣煜就在釜山长林工业园区找了一份生产电热毯温度调节开关的工作。然而，他发现即使做着相同的工作，理科大学毕业生的职位却总是比自己的高，于是他再次下定决心要考上大学。之后，他日夜苦读，终于考上了东义科学专科大学。而当大学毕业，面临就业的时候，他又经历了和初恋分手的痛苦。

　　"当时，我只想快点离开釜山这个伤心地，所以就往首尔的公司投了很多简历。但地方专科学校的毕业生找工作哪有那么容易？"

　　后来，他接到了1991年创立的专业咨询公司——尤金数据（Eugene Data）的面试通知。来到面试地点后，金荣煜发现那里除了他，还有其他 250 名竞争者。他非常担忧，甚至觉得这次又要白白搭上一笔长途车费了。轮到他面试的时候，一位表情严肃的面试官一边翻着资料，一边问道：

"请您描述一下自己的优点。"

"我比较会搞笑。"

"扑哧！"

这个回答令始终低头翻看资料的面试官们纷纷抬头，忍俊不禁地看向他。随着严肃的气氛渐渐缓和，他也能感受到面试官们似乎对自己那与众不同的成长故事很感兴趣。通过各种途径掌握的人际关系处理能力、一有空闲就参加釜山程序员聚会而学到的知识，以及在长林工业园区学到的各种技术等，使他拥有了区别于其他应聘者的生动履历，引起了面试官们的关注。最终，金荣煜以极高的分数击败其他竞争者，进入了这家公司。

进入尤金数据后，金荣煜每天早上都比别人早半个小时到公司学习，而下班后还会与其他人一起学习。也就是说，他不仅在中考之前组织问题少年朋友们一起学习，在专科大学的时候，他也依然保持着通过釜山程序员聚会学习新技术的习惯。通过学习，他的实力不断增长，于是公司也不断地给他加薪，奖金最多的一次甚至高达底薪的 7 倍。

后来在结婚前，他离开公司去创业，但遭遇了失败，只能依靠贫困户救济金和贷款来维持新婚生活。这段往事至今都使金荣煜部长感到不堪回首。

"也就是那个时候，我参加了一个有关电脑技术的研讨会。在那里，我看到一位演讲者正站在众人的面前讲解技术，而台下的听众们都屏着呼吸，目不转睛地盯着他。那一刻，我真的很羡慕他。后来，我才得知那位演讲者原来是一位微软的 MVP。"

后来，金荣煜还参加了那位 MVP 领导的技术社群，越发深刻地感受到共同学习的重要性。一连好几天，那个场景都不时地出现在他的脑海里，使他兴奋得无法入眠。最终，他建立了一个名叫 ".net 频道" 的社群，还发行了网络杂志。

"我不仅会组织成员们一起学习，还会跟他们一起爬山。有时，我们还会联合其他社群，开展规模比较大的研讨会。总之，在那段时间里，我一边愉快地学习，一边结交了各种各样的人。"

就在这时，他遇到了一个千载难逢的机会。

"当时，我不仅要交房租、还贷款，还要养活家人，所以只能选择做个收入较多的自由职业者。我那时作为自由职业者参与了一个 LG 的项目，无意中发现了作为富互联网应用程序技术领域主流的 Adobe Flex 存在缺陷。而我在研究可以代替它的新技术时，发现微软的 WPF（Windows Presentation Foundation）技术有着很多其他技术无可比拟的优势。于是，我就像往常一样在社群里讲讲课、写写文章，对这项技术进行了推广。另外，我还发行了有关这项技术的网络杂志。"

此时，微软的 WPF 技术正好被政府的数字教材项目采用。于是一时间，精通 WPF 技术的专家变得炙手可热，就连韩国的微软公司也为了聘请 WPF 专家而忙得焦头烂额。

"由于当时这项技术鲜为人知，所以没有多少精通这项技术的专家。而我那时已经在网上分享了很多有关 WPF 技术的知识，只要在网上搜索微软 WPF 专家，就能轻易找到我的名字。"

就这样，哪怕毕业于专科大学、英语水平也不怎么样，但他还是堂堂正正地进入了微软公司。起初微软公司向他发出正式员工邀约函的时候，由于对自己的背景缺乏信心，他多次婉拒，但微软公司仍不断地继续邀请他，最终他接受了邀请。即使进入微软公司后，很多新技术层出不穷，他也依然稳如泰山。得益于长期坚持通过社群学习的习惯，他的技术影响力反而不断扩大。可以说，社群领导力完全改变了他的人生。

—
金荣煜部长的
社群学习
成功秘诀
—

不要总是一个人学习，
跟大家一起学习，提高杠杆效应

虽然金荣煜也曾一个人在图书馆学习过，但大多时候，他都是与别人聚在一起学习的。例如，为了考上高中，他组织了小区里的问题少年朋友们一起学习过；为了成为自己向往的 MVP，他建立开发者社群，召集了拥有相同兴趣爱好的人；另外，即使是刚接触到微软 WPF 技术时，他也组织其他人一起学习并分享了这项技术。

"与不同水准的人们聚在一起学习，能够快速地提高一个人的能力。例如，将自己不熟悉的知识传授给别人时，能够巩固自己所掌握的知识。另外，别人也有可能掌握着自己不会的技术。从这个角度上来说，社群学习确实有很好的杠杆效应。"

社群学习不仅学习效果好，还能培养拓展人脉的能力。金荣煜之所以能够敲开在首尔就职的大门，后来又抓住了很多的机会，正是由于具备了出色的拓展人脉的能力。

遇到不懂的事情就要刨根问底

如果在他作为一名自由职业者参与 LG 电子的重要项目时，明知 Adobe Flex 技术存在缺陷却没有理会，他的人生如今又会是怎样一种情景呢？如果他是一个目标指向型的人，那他会不会为了解决当前窘迫的困境而热衷于参与更多的研究项目呢？如果他是一个为了提高自己的价值、获得业界认可而努力学习的自我发展型的人，结果又会如何呢？他或许就不会将自己的时间和热情花费在未被市场认可的微软 WPF 技术上。当然，随之而来的那些机会也就与他无关了。不过，正是因为他是社群领袖，所以他才会将目光转向拥有更多优势的新技术，并为了传播它而燃烧自己纯粹的热情。

"加工"自己掌握的知识，传播给更多人

"在我看来，自己的学习固然重要，但把自己学到的知识传授给别人同样很重要。因为我在那几年的社群活动中积累了很多知识信息，所以当人们在网上搜索 WPF 专家时，就会自然而然地出现'金荣煜'这个名字。"

社群活动使"金荣煜"这个名字在业界如雷贯耳，同时也造就了现在的他。那么你呢？你的社交媒体上是否只有一些美食和旅行的照片？在网页和社交媒体搜索自己时，你希望搜到什么样的信息？你是否应该制订一个长远的计划，并从现在开始努力实现它？如果你能养成将自己纯粹的兴趣领域，或者对别人来说多半会感到陌生，而自己通过刨根问底掌握的知识进行分享的习惯，那么，像金荣煜部长那种"逆转人生"的事情，说不定就会发生在你身上。

第二章

微软重回市值排名第一宝座的秘密

COMMUNITY
LEADERSHIP

是什么让一再衰落的微软发生了如此戏剧性的反转？只不过是
更换了一名 CEO，为何江河日下的巨头企业微软会一夜之间反
超那些朝气蓬勃的尖端 IT 企业，重回世界巅峰？

史蒂夫·鲍尔默 vs.
萨提亚·纳德拉

走下坡路的微软

　　我是 2004 年进入微软的。算一算到今年（2019 年）正好是第 15 年。在我看来，这 15 年说是一部承载着微软兴衰成败的戏剧性纪录片也不为过。

　　在 2004 年之前，我从未想过 Windows 系统建立的"堡垒"会有被攻破的一天。当时，微软的 Office 软件正处于稳步成长的阶段；刚刚启动的网络和移动通信服务也逐渐被人们所认可。然而，随着苹果公司推出 iPhone、谷歌收购移动设备系统——安卓，并开始提供服务，在过去的 20 年里享有垄断地位的 Windows 操作系统的"堡垒"一朝之间就土崩瓦解。另外，随着智能手机和平板计算机加入计算机操作系统的市场争夺中，微软 Windows 系统的市场占有率也出现了大幅下滑。

雪上加霜的是，这个时候全世界的程序开发者们因不满微软的长期垄断而组建起反微软联盟，纷纷开始与微软划清界限。此外，通过网络书店和网络商城不断壮大的亚马逊又突然推出云服务，虎视眈眈地试图开辟一条足以影响微软大部分商业领域的新市场。

乱了分寸的微软直接拿出约合 72 亿美元的巨资收购欧洲移动通信业巨头——诺基亚，试图以这种方式挽回之前失误的举措，但不到两年，微软就损失了约合 67 亿美元，不得已裁掉 1.8 万名员工。这件事情再次令微软陷入风雨飘摇、岌岌可危的境地。很多人都惋惜地看着微软，仿佛看到它渐渐步摩托罗拉的后尘。

解救微软于危难之中的萨提亚·纳德拉——他是谁

在这种危机面前，比尔·盖茨的好友、从 2000 年到 2014 年一直领导了微软 14 年的史蒂夫·鲍尔默递交辞呈，而总裁的位置则由当初成功领导开发了公共云 Azure 系统的印度人萨提亚·纳德拉接任。比尔·盖茨和史蒂夫·鲍尔默都是大家再熟悉不过的人物，但萨提亚·纳德拉又是何方神圣呢？当这位陌生的外国人被任命为微软第三任总裁时，人们都感到十分诧异。

要知道，他是一名土生土长的印度人，大学也是在印度上的，还有着浓重的印度口音，所以在人们眼中他的确称得上是一位"陌生人"。不过自从 2014 年 2 月他担任总裁之后，微软原本 10 多年来从未超过每股 30 美元的股价，连续 4 年节节攀升，现在已然高达每股 140 美元。时隔 16 年，微软再次超越苹果、谷歌及亚马逊，不仅重新坐回全球市值第一的宝座，还实现了市值突破 1 万亿美元的辉煌成就。这简直就是奇迹，就好比一位 60 多岁的老爷爷，某一天喝下返老还童的仙药，一下子变成 20 多岁的青年一样，令人难以置信。

"除了我，都是错的"的傲慢

是什么让一再衰落的微软发生了如此戏剧性的反转？只不过是更换了一名 CEO，为何江河日下的巨头企业微软会一夜之间反超那些朝气蓬勃的尖端 IT 企业，重回世界巅峰？

虽然原因很多，但我经历了微软在史蒂夫·鲍尔默领导下不断凋零的 10 年和在萨提亚·纳德拉领导下重获新生的 5 年，所以我可以肯定地说，在这两个人领导下的微软，氛围是完全不同的。

微软

第一天　第五天　第一个月　第六个月　YTD　第一年　第五年　**最高**

150　0.10USD　1986年3月14日

100

50

0

　　　　　　　1995年　　　　　　2005年　　　　　　2015年

市值	140.15	股息率	1.48%
最高	140.36	收盘价	139.54
最低	136.64	52-周最高	142.37
市价总值	1.05兆	52-周最低	93.96
市盈率	27.21		

自萨提亚·纳德拉就任总裁以来，微软原本 10 多年来从未超过每股 30 美元的股价，一连 4 年节节攀升，现在已然高达每股 140 美元

企业	国家	市价总值 USD
微软	美国	1080 亿美元
亚马逊	美国	956 亿美元
苹果	美国	955 亿美元
谷歌	美国	863 亿美元
脸书	美国	570 亿美元
伯克希尔·哈撒韦公司	美国	516 亿美元
阿里巴巴	中国	465 亿美元
腾讯	中国	450 亿美元
摩根大通	美国	377 亿美元
美国强生	美国	347 亿美元

微软 16 年后（2019 年）再次超越苹果、谷歌及亚马逊，重回全球市值第一的宝座

史蒂夫·鲍尔默领导下的微软拥有一种竞争文化。那些已经验证过智商和成绩的员工们会相互比较谁更聪明、谁能创造更多显而易见的成果；而部门的利己主义达到了极致，各个业务主体的运作就像是完全不同的公司，就好比 Windows 业务部门就像 Windows 公司，而 Office 业务部门就像 Office 公司。

　　由于公司内部竞争过于激烈，加上妄自尊大的精英意识，我们对这个世界的变化完全不感兴趣。即使智能手机时代和苹果时代已经来临，但微软员工们仍然装作一副若无其事的样子，只要自己不接触它们，就对这种变化视而不见。史蒂夫·鲍尔默总裁抢过员工手中的苹果手机扔掉的逸事也被广为流传。

　　不仅如此，如果谁不使用微软的软件，他们还会嘲笑和孤立对方。另外，史蒂夫·鲍尔默总裁还曾公开嘲讽过那些为了对抗微软生态系统而诞生的开源软件，将它们比作"毒瘤"。简言之，"除了我，都是错的"这种傲慢无处不在。即使微软的所有指标曲线都呈下降趋势，他却仍然信誓旦旦地说一切都是市场的错，可见他到底有多么傲慢。

成长型思维的
惊人威力

具备成长型思维的微软

　　萨提亚总裁上任后就马上着手改革微软这种封闭的文化。他的一系列措施让公司很多看似绝对不会改变的部门开始改变了。根据我的经历，以及萨提亚总裁的《刷新》（*Hit Refresh*）一书来分析其中的原因，有以下两点：

　　第一，强调学习文化的重要性。如果有人问我，萨提亚总裁就任后，公司变化最大的部分是什么，我可以毫不犹豫地告诉他，那就是使"终身学习"的文化扎根于微软。萨提亚总裁从未向员工们提出某种业绩要求或销售目标，却不断地向所有员工强调成长型思维（Growth Mindset）的重要性。所谓"成长型思维"是指，相信人的智力不是固定的，而是可以靠努力来持续提高的心态。

成长型思维是斯坦福大学心理学教授卡罗尔·德韦克提出的一种主张，而如今，它已经成为大部分微软员工赖以生存的重要指标。

与成长型思维相反的是固定型思维（Fixed Mindset）。固定型思维是指，相信自己的能力和智商是天生的、难以改变的心态。我们在称赞孩子的时候往往会使用"你的头脑真聪明""你真伶俐"等称赞孩子的天赋而并非努力的说法，这就是固定型思维的一种表现形式。

固定型思维在我们的社会中十分常见。例如，我们通常会认为名牌大学毕业的人一定十分聪明，于是就习惯用学历来评价一个人。正是因为这种文化，很多孩子虽然在高考前会拼命学习，而一旦考上大学就不想再学习了，因为他们已经充分证明了自己的聪明。此外，在婚前努力学习的精英女性一旦结婚生子之后就不再学习的情况，也与固定型思维有关。

反之，拥有成长型思维的人因为相信自己的能力会继续增长，所以会为了学习新技术或新概念而不断努力。在萨提亚总裁领导下的微软公司里，如果有谁不去实践这种成长型思维模式，将很难生存下去。

成为社群领袖——包容力和多样性

第二，转变看待人才的视角。即重用具备同理心的领导人。或许是因为一直以移民的身份生活在美国，或许是因为抚养着身有残疾的子女，萨提亚总裁的同理心能力可谓是无人能及。2018年的深秋，我曾与在韩国访问的他有过短暂的会面。我向他介绍了我的工作和有关微软的MVP项目的情况，而他从头到尾都面带微笑地聆听我的发言。当时，我甚至怀疑如果圣雄甘地在世，或许就是这种感觉吧。

自从成为微软CEO之后，他始终要求微软员工们培养包容力和多样性。这种要求并非只停留在口头上，而是需要每位员工都要在绩效指标上记录自己为培养包容力和多样性而做出了哪些努力。于是，原本只为了业绩奔波的员工们如今都开始思考"如何帮助残疾人""如何消除性别歧视"等问题。

萨提亚·纳德拉认为微软需要的人才并不是自诩不凡的人，而是那些不断学习和成长，同时能够包容和认可团队成员的多样性的人。只有具备这种同理心、能够带领团队成员一同成长的人，才能称得上是真正的人才。

曾经的人才不见得
是现在的人才

成为一起学习，与顾客分享的社群领袖

　　后来，微软的最高领导层——被替换为符合萨提亚·纳德拉人才观的人。也是在那段时间，我所属团队的高层也经历了一场大换血，其中就包括一位哈佛大学出身的经理。他是一位完美主义者，对于达不到自己标准的下属，他从不会有丝毫的体谅。如果他不喜欢哪个员工，就会想方设法将对方解雇。然而，始终认为自己才是最优秀的精英、容不得别人违背自己意愿的他，最终也没能成为微软认可的人才。看到这位曾经辞退很多员工、不断挑起同僚之间竞争的领导留下简短的问候便匆匆离去时，我的内心也五味陈杂。

　　不过与前一任相比，新上任的管理层确实有些与众不同。

比如首席法务官布拉德·史密斯就是如此。他效仿萨提亚·纳德拉的领导力，对微软的全球法务团队进行了一场改革。曾任职于新加坡微软 Office 业务部门的尹赞律师这样评价法务部的变化：

"如果说过去法务部的律师们只需要关注法律和合同，履行有限的职责，那么现在的情况已经发生了很大的变化。因为随着云计算、大数据、物联网及人工智能等技术急剧地改变世界，如果不同时考虑技术、法律、政策、伦理、社会重要价值和共同体文化等因素，就无法解决层出不穷的新问题。毕竟这是一个崭新的环境，谁都不知道该怎么解决这些问题。正因为如此，当前比任何时期都更需要公共部门和民间的合作，以及社会各阶层的踊跃参与和讨论。于是，布拉德·史密斯就开始对法务部员工们进行社群领导力的培养。例如，作为其中一环，负责 B2B 业务的员工们会依照制造业、医疗保健、教育、汽车、零售等不同的行业类别组建社群，了解包括客户在内的各个利益群体的需求，同时积极地与他们分享信息和知识。这样就创造出一个在灵活运用信息技术获取足够便利的同时，又能有效应对各种危险因素的环境。而原本部门内的传统法务领域与对外合作业务领域之间也几乎不存在什么障碍了，就连部门名称也已经改成了'对外和法律事务部'（Corporate，External & Legal Affairs）。"

微软的律师们正是通过这样的方式发挥社群领导力，共享 GDPR（General Data Protection Regulation，欧盟《一般数据保护条例》）等世界各地正在发生的法律变化，并站在客户的立场上积极分享未来的趋势，及各种案例和先例。

"除非对方主动要求，否则我不会向他们介绍微软的产品。相比之下，我更想提供一个当法律跟不上技术的发展时，能够让大家一起商讨和解决法律问题的地方。因为我发现，大家都害怕新的变化，也不知道该如何应对它们，所以很喜欢这种能一起讨论、提问并寻找对策的场合。有时候，即使研讨会已经结束了，有些人也会留下来继续提问，或者在会后通过电子邮件向我索要相关资料。我也经常收到很多对活动的举办表示感谢的反馈。看到人们的反应如此热烈，我感到了前所未有的满足。"

这是在韩国微软公司任职多年的金锦仙律师所说的。自从萨提亚·纳德拉就任总裁后，微软的法务部门开始制定如技术方面的社会贡献、"地球人工智能计划"（AI for Earth）、可持续发展、遏制碳排放等相比企业的利益更能造福于全人类的政策，以身作则发挥着社群领导力的作用。

而这种现象并不局限在法务部门。事实上，一起学习、成为社群领袖、分享信息的文化在如今的微软已经占据了一席之地。正如之前所说，只有社群领袖才是萨提亚·纳德拉认可的微软最需要的顶级人才。实际上，自从他就任总裁后，作为社群领袖的微软 MVP 进入微软工作的比例明显提高，以至于管理社群和社群领袖的团队的地位也随之提升了不少。在萨提亚·纳德拉总裁访问各国的时候，抽出时间与 MVP 们进行单独谈话已成为一项固定的日程安排。

核心产品开发 CVP
的社群领导力

对外部的反馈做出反应

　　萨提亚·纳德拉总裁就任后，大幅度调整了微软产品的生产过程，并要求生产产品时要随时对外部的反馈做出反应。根据这两种变化，他更换了微软的主打产品——用云服务 Azure 取代了原本的主打产品 Windows 和 Office。

　　他对云服务有种过度的偏爱，仿佛除了云服务就容不下别的东西。就连微软原本的主打产品 Windows 系统也受到了冷落，以至于微软的所有服务和产品对 Windows 系统的依赖程度均大幅度降低。史蒂夫·鲍尔默曾将 Windows 系统的竞争产品 Linux 视为眼中钉，但萨提亚·纳德拉总裁却不止一次公开表示"微软爱 Linux"。另外，他还对微软一直敌视或无视的开源软件及谷歌、苹果等竞争公司敞开了大门。

不过，微软面临的情况依旧不容乐观。因为亚马逊的AWS（Amazon Web Service）抢先一步占领并牢牢地掌握着云服务市场的主导地位。可以说，眼下的劣势与当初微软一头闯进谷歌和苹果占据的手机市场时没什么两样。因此，只有开发出前所未有的创新性的出色服务，微软才有机会超越云服务领域的 No.1——AWS。

面对这种情况，萨提亚·纳德拉任命斯科特·格思里为微软首席副总裁，相继委以研发云服务和人工智能的重任。斯科特·格思里是一位知名 IT 社群领袖，他在推特上的粉丝超过 16 万。特别是在他刚刚成为研发 Azure 的负责人时，他穿着标志性的红衬衫寻访全球各地的社群，展开了一场"红衬衫之旅"，可见他对社群有多么热爱。

他还与团队的研发人员一起加入云技术社群，听取各种有关产品的反馈意见，并据此及时地改进产品。此外，他还会亲自管理推特账户、线下社群聚会，以及全球 MVP 们向产品负责人发送反馈的邮件列表。

有一次，我的团队主管给我发来一封紧急邮件。出人意料的是，原来斯科特·格思里看到了一位韩国的 MVP 对 Azure 负责人发的一些牢骚，便通过我的主管联系到了我。后来，那位 MVP 还接受了总公司的邀请，在 Azure 开发者全体大会上指出了自己发现的 Azure 的缺点，并提出了一些改善方案。由此可知，他们对外部的反馈非常敏感，也非常重视。

就连微软这样的巨头企业中负责核心产品的主管都如此重视每一个反馈内容，更何况他们手下的员工们呢——他们会时刻关注外部的风吹草动，即使发布产品时也会根据外部的情况随时进行调整；他们被鼓励大胆尝试，会通过各种失误，在内部逐渐积累其他企业没有积累的经验；另外，他们会吸收更多来自外部的反馈意见，努力判断市场的走势，为了适应变化而果断地舍弃过去的惯例。通过上述种种努力，他们得以与社群一同发展，获得了快速变化和革新的能力。

谷歌的 AI vs.
微软的 AI

AI 技术——是灾难还是祝福

最后，我想谈一谈萨提亚·纳德拉总裁对 AI 技术的热情和坚定的哲学观。曾经，AI 只存在于科幻小说和我们的幻想当中。然而，通过 2016 年 3 月谷歌的人工智能项目阿尔法围棋（AlphaGo）和李世石的世纪对决，人们意识到人工智能已不再遥远。有人曾说，围棋的下法比宇宙中原子的总数还要多。而阿尔法围棋与包括李世石在内的世界围棋高手们对弈，最终获得了 60 场连胜的成绩，可以说，这是人类的惨败。

通过这一系列的对弈，谷歌成功地宣传了自家人工智能技术的优越性。然而，我们又会作何感想呢？是否会想象在不久的将来自己被拥有优秀人工智能的机器打败的场景，而对人类的未来充满了不安和沮丧呢？成年人尚且如此，更何况是孩子。上小学六年级的时候，我儿子曾参加过一个内容为职业调查和采访的小组活动。不过，参与活动的孩子们调查到的多半是警察、老师这种相对传统的职业。

"跟妈妈一起工作的 MVP 当中，有一位专门研究 AI 技术的软件工程师。要不要介绍给你认识一下？我觉得调查这种未来的职业也挺有意义的。"

儿子也觉得很有意义，于是一脸得意地上学去了。可是放学后回到家，儿子却是一副垂头丧气的样子。

"妈妈，同学们不喜欢 AI，甚至特别特别讨厌 AI，所以我还是调查警察这种职业吧。"

事实上，当萨提亚总裁将 AI 技术作为继云计算之后将重点投资的项目向我们进行介绍时，我心里也产生了一种莫名的排斥感。什么机器学习、人工智能等，光听名字就令人十分疑惑——人们为什么要让机器会学习，又为什么要把自己的智慧传授给机器？我甚至考虑过自己是不是应该离开微软了。总之，当时我心里非常抗拒。我觉得自己不应该在这种所研究的技术会威胁自己子女未来的公司里工作。

不过后来，随着不断地了解萨提亚总裁主导的 AI 技术方向，我的想法才渐渐改变了。首先，微软 AI 技术的介绍资料中出现了很多残疾人。事实上，他们不只出现在资料中，还会作为工程师参与技术研发的过程。

微软的工程师萨奇布·谢赫在小时候就完全失明了。进入微软之后，他与同事们一起利用视觉感知技术和机器学习技术等多种尖端技术，开发出了一套像太阳镜一样佩戴的设备，这让他原本漆黑的世界发生了奇迹般的变化——如今，他不仅能够用自己开发的 AI 技术浏览饭店里的菜单，还能像正常人一样对街道上可能出现的危险进行预判。

约翰·马尔科夫的《与机器人共舞》(*Machines of Loving Grace*) 一书中有这样一段话：

"如何掌控充满了智能机器的世界？想要得到这种难题最准确的答案，我们必须先了解实际构建这个系统的人到底拥有什么样的价值观。"

对人类的理解和同情

萨提亚·纳德拉的主导 AI 技术基于对人类的理解和同情，这一点我们可以从他的经历中得知。他对微软探索 AI 技术方法的 3 个关键原则做了如下阐述：

第一，我们会通过 AI 技术扩展人类的可能性和经验。重点在于如何将人类的才能和人工智能相结合，进而促进社会发展。

第二，我们必须建立对人工智能技术本身的信任。人工智能设备必须被设计为能够发现新的威胁，并在发展过程中被制定必要的保护措施。

第三，我们开发的每一项技术都必须包容和尊重所有人，同时要打破文化、种族、国别、经济地位、年龄、性别、身心能力等所有壁垒，为全人类服务。

此时此刻，即使全世界著名的科学家和工程师们都在夜以继日地研究着 AI 技术，但是，并非所有的科学家和技术人员都以上述的道德规范作为开发 AI 技术的原则。正因如此，才更需要有领导人在开发 AI 的过程中坚定不移地贯彻"以服务人类为目的"的第一原则。我亲身体会过萨提亚总裁的人品和领导力，所以坚信由他主导的 AI 技术的未来是光明的。

仅仅是更换了一位 CEO，就让微软这种巨头企业发生了翻天覆地的变化。关键在于这位 CEO 并非只追求杰出成果，而是努力传播学习的文化，对拥有同理心和领导力的人委以重任，竭尽全力让每一位员工都能将包容力和多样性融入生活中，积极接受来自外部社群的反馈，从而改革生产过程，实时更新产品。

怎么样？你是否也认为只有像萨提亚·纳德拉这样的人才能称得上是真正的社群领袖呢？不断学习从而带领共同体发展，不断奉献和帮助他人，不断与全世界的社群进行交流，总是对更先进的技术敞开大门，不唯利是图，身先士卒致力于对全人类有益的事业……他就是这样一位有着强大社群领导力的人。而令微软奇迹般地东山再起并重返市值第一名的秘密正在于社群领导力。

跳板履历的拥有者——
微软技术营销代表
金圣美理事

金圣美理事是一位谈吐文雅、形象干练、始终充满活力的人。可当我采访她的成长过程时，她的第一句话居然是：

"我的人生可以说是一个疯女人的跳板。"

为什么会这么说呢？回顾前几年的经历，我很难将金圣美理事和"疯女人的跳板"联系在一起。不过，随着交谈逐渐深入，我也逐渐明白了她为什么会说出这番话来。

不同于她如今优雅的形象，她的童年是一段与贫困作斗争的痛苦回忆。虽然她是 5 个兄弟姐妹当中的老幺，放在平常人家肯定是集万千宠爱于一身的小公主，但是由于父母欠债，家里的每一个孩子都不得不为生计奔波而放弃了读书。所以，上大学对于她来说也是一件十分奢侈的事情。最终，她与其他学习好的贫困女学生们一样，选择进入女子商业高中，并在那里学习簿记和珠算等公司会计和银行员工们要做的事情。除此之外，她还要学习复印文件和泡茶的技巧，以及给上司递茶时不能用屁股对着上司等如今看来有些不可思议的职场礼仪。

她踏入社会后的第一份工作，是在韩国甲骨文公司担任会计。虽说她的职责是管理公司的库房，但没有一个员工把她放在眼里。被各种团体排挤，使得她在公司待的时间越久，就越感到压抑。她对家人们表达了自己想要读大学的愿望，但没有人支持她，而自己之前赚到的钱也全都用来给父母还了欠债。但是，在离高考不到 3 个月的时候，她还是毅然选择了辞职。那时开出租车的大哥表示，自己就算加班加点也要支援她一个月的辅导费。然而，这个看似鲁莽的决定竟成了她人生中最大的转折点。

"那家三流辅导班就位于遍布夜店的千户洞。我记得那是一个离高考不到两个月的寒冷的夜晚，当时我正在上自习，突然感觉到一种如梦初醒般的冲击。那种冲击非常强烈……我也是平生第一次感受到。"

当时她所经历的那种如梦初醒般的冲击究竟是什么呢？究竟是什么让她醒悟了呢？

其实，是她看清了自己以往学习的本质就是"限制自主思考的学习""要像机器一样乖乖听话的学习"。

被这样的学习所驯服，以至于在公司里不断被要求"去给我复印个文件""去给我冲一杯咖啡"的时候，她也从未觉得有什么不对。而在那一刻觉悟之后，她心中的悔恨如潮水般涌来，同时对这样的社会，也对驯服自己的当下的教育体系产生了无以言表的愤怒。此外，由于生活贫困，连委屈的感觉都不曾有过，只顾着谋生而浑浑噩噩度日的处境也让她感到格外伤心。下课后，她久久没能离开座位。委屈和愤怒，以及为时不晚的庆幸使她不能自已，坐在那里哭了好一阵子。

从那以后，她竭尽全力去打破那与生俱来的紧紧包裹着自己的贫困，以及长久以来对这种逆境的顺从。她努力筹集辅导费，两个月后，终于如愿以偿地考上了崇义女子专科大学的管理学专业。

在大学里，她开始缓慢但切实地学会了自主思考和自主学习。她最先尝试的是英语学习。事实上，自从进入社会后，她一直参加一个在凌晨上课的英语辅导班。当然，像她这样坚持学习的人也不在少数，所以，她并没有满足于此，而是将身边想学习英语的同学、前辈和后辈召集到一起，提议组建一个学习小组。因为自己是发起人，所以她不仅是小组中学习最认真的人，也是为小组付出最多的人，在这里充分发挥了自己的社群领导力。

从专科大学毕业后，她去了一家名为"Ehwa 钻石"的公司上班，业余时间还在广播大学继续深造，并坚持进行社群学习。而就在这时，亚洲金融危机爆发了。正如那个时期的大多数人一样，她失业了。在之后的那段时间里，她一边接受政府安排的就业教育，一边艰难度日。哪怕在那样的情况下，她也依然没有停止过社群学习。

"那是我有生以来第一次学习网络编程和电算。起初，我根本听不懂老师讲的内容。于是我就开始召集一些想要学习编程的人来一起学习。通过之前的经历，我完全相信一起学习的力量。"

最终，过了 3 个月后，所有与她一起学习的社群成员都考到了 JAVA 编程资格证。这都是大家相互引导、相互鼓励、苦中作乐学习的结果。取得资格证以后，她成了一名教授 JAVA 编程的讲师，一直教了两年。而在教学的过程中，她自己反而比学生学到更多的知识。这也让她充分体会到了教导别人的学习效果。得益于这几年积累的知识，她后来进入一家名为"Weblogic"的销售 JAVA 中间件的公司，并开始崭露头角。

"当时，我的工作是向农业协会或水产协会这类机构的部长或理事推销中间件，而他们大都对 JAVA 之类的技术完全不了解。所以，我几乎没怎么跟他们介绍公司的产品，而是像教学生一样，将 JAVA 的特征和优点做了通俗易懂的讲解。"

听完她有别于单纯推销的解说后，客户们就像听了精彩的课程一样感到非常满意，也自然而然地想要从她那里购买产品。在那家公司里，她愉快地工作了 5 年。而其间，有关她的销售能力的良好口碑也开始在业界渐渐传开。后来，她还曾任职于一家名为 "Citrix" 的公司，最终跳槽到微软公司。

"随着公司致力于云服务产品，以往的技术销售方式正渐渐被彻底颠覆。所以，我还得努力跟大家一起学习呀。我始终坚信一起学习的力量。"

如今，金圣美理事已然成为社群学习的专家，对于这样的她来说，即使外界发生再大的变化，也无法让她受到挫折。写到这里，我不禁开始期待未来她的身上即将展现出的无限可能性和成长潜力。

金圣美理事的
社群学习
成功秘诀

要相信社群的集体智慧和执行力

金圣美理事表示，她会百分百地将社群学习运用于工作和兴趣爱好，因为她深知这种学习方式的力量。工作之余，她也热衷于各种运动，无论是健身、高尔夫，还是集体运动项目，她都会召集志同道合的人们一起进行。

"遇到新的业务时，不知道该如何下手是再正常不过的事情。即使艰难地开了个头，想要维持下去也非常困难。这个时候，如果能够组建社群，与社群成员们一起积极地交流，就会有很大的收获。"

学习新的知识时，如果能够几个人一起钻研，比起独自学习，不仅可以减少错误，还能提高效率、缩短时间。甚至对减肥这种事来说，也是如此。因为大家在一起能起到相互监督和引导的作用，所以就算懈怠了几天，也能很快恢复原来的节奏。

与他人一起学习才是真正的学习

对于金圣美理事来说，学习就是"人生成熟的过程"，同时，也是学习帮助她摆脱贫困的束缚，令她一步步成长。学习的方法多种多样——从背诵书中内容的理论学习，到效仿前辈做法的实践学习，以及将别人的经验教训拿来用作"他山之石"的学习等。然而,通过各种学习过程,将知识注入大脑固然重要,但更有意义的其实是能够将知识自然地沁入身心的学习方式。

"虽然大学的学习方式比初中、高中的更自由,但从教授到学生的单向流动方式却没有改变。反观社群学习,是一种拥有共同爱好和目标的人们聚在一起,相互帮助、相互分享的双向学习方式。我认为这是普通学习方式和社群学习之间最大的区别。"

善有善报,分享得越多,回报就越大

"我坚信善意和分享的力量。"

金圣美理事表示:相比于为了自己学习,抱着"分享和帮助别人"的善意学习时,更能让人的大脑常常产生内啡肽。此外,她还表示,在尝试运营好几个学习小组及专家小组之后,她发现,抱着分享的心态时往往能真正理解那些知识。对此,她这样解释说:"也许是在分享自己的知识时,为了让对方能够更好地理解而更加用心研究的缘故。"

就这样,以这种善意发起的学习小组也给予她自己极大的帮助。她表示自己从那些认真学习的社群成员,甚至从喜欢跟自己"唱反调"的成员身上都学到了很多东西。可以说,社群学习对于她领导力的提升起到了极大的促进作用。或许,这就是无论在哪个聚会中,只要一表明身份,她就会被众人客客气气地恭迎到主位上的原因吧。

第三章

为什么众多世界顶级
企业会关注社群领袖

COMMUNITY
LEADERSHIP

所谓"社群领袖",并不是只为了眼前的利益或只为自己的目标
而独自学习的人,而是与社群成员们一起学习、分享知识,从
而引导整个社群共同成长的人。但是,企业为什么会渴求社群
领袖呢?

众多世界顶级企业
关注社群领袖的原因

希望更多的人能够分享福利的社群领袖

所谓"社群领袖"，并不是只为了眼前的利益或只为自己的目标而独自学习的人，而是与社群成员们一起学习、分享知识，从而引导整个社群共同成长的人。但是，企业为什么会渴求社群领袖呢？他们并不能马上为企业创造利益，也无法起到企业吹号手的作用。

像微软这样的国际巨头企业都热衷于发掘和支援社群领袖，微软还专门设立了 MVP 的奖项，每年颁发给数千名社群领袖。值得注意的是，这并非微软一时兴起的短期行动，而是已经持续了 25 年之久。如今，除了微软之外，亚马逊、谷歌、脸书等企业也开始投入高达数千万美元的巨资，支援和培养社群领袖。最近，这种动向进一步加快，以至于这些企业直接或间接支援社群活动的例子实在不胜枚举。

那么，为什么全球数一数二的企业会关注这些无法马上带来利益的社群和社群领袖呢？

第一个原因是，社群领导力能够对 IT 企业的兴衰成败起到至关重要的作用。

IT 是 Information Technology 的缩写，即 IT 企业是具有处理知识和信息的技术的企业。例如，微软公司的成长壮大依靠的不是直接生产电脑，而是可以帮助计算机运行的系统软件 Windows，以及帮助企业处理生产、销售信息的办公软件 Office；而谷歌的发展也是依靠着能够帮助用户们从互联网上查找自己所需信息的强大搜索引擎。

总之，IT 企业只有以处理无形信息的技术为基础，并与其他产业领域结合时，才会产生商机。即只有将更多的信息运用到最适合的地方，并不断改善业务流程，IT 企业才能不断创造利益。因此，从产品的设计阶段开始，它们就需要系统地吸收和分析外部信息，根据从实际用户那里接收到的反馈信息，实时进行修改。只有经过这种过程制作出来的软件，面世后才会受到消费者们的欢迎。

那么，谁能够在企业开发软件的过程中提供精准有效的反馈信息呢？首先，他必须是一个对技术拥有较高理解水平的人。然而，并非所有了解技术的人都会主动地提供这些反馈信息，只有那些愿意分享自己的知识和信息、想要为生产更好的产品做出贡献的人，才会这么做。他们的目的是与更多人一起分享技术发展带来的福祉。而抱有这种心态并付诸行动的人，便是社群领袖。世界各地的社群领袖所提供的各种反馈信息，对企业生产更好的产品起着至关重要的作用。这就是众多世界顶级 IT 企业对社群领袖们展开激烈争夺的第一个原因。

社群领袖的影响力

第二个原因是，企业看中社群领袖对其他 IT 技术人员所产生的影响力。社群领袖往往会有形或无形地领导着少则数十人，多则数百万人。例如，有些人是通过博客上的文章，而有些人则是通过推特、脸书等社交媒体，带来广泛的影响；有些人会通过组建社群或学习小组引导成员们，而有些人会通过书籍或演讲对人们产生影响。

无论是在产品的制作阶段，还是在产品面市后，社群领袖的意见或反馈都非常重要。因为软件是一种无形的产品，无法采用像消费品那样的传统销售方式，并且使用软件需要客户拥有一定的技术理解能力，所以如果社群领袖能够在产品上市初期形成积极的舆论，或者帮助客户们进一步了解该产品，就会对未来的销售起到非常大的促进作用。这就是企业培养和支援社群领袖的第二个原因。

IT 企业的人力资源——社群领袖

第三个原因是，IT 企业为了保障自己最宝贵的资产——人力资源。对于知识信息产业来说，保障人力资源至关重要。因为它并不生产有形的产品，所以既不需要天然资源，也不需要购买建厂所需的地皮。它真正需要的是技术熟练度高、信息加工能力强、懂得与其他技术人员合作，从而能够编写出符合市场需求的高完成度软件的人才。所以为了争夺更多优秀的人才，如今世界顶级 IT 企业之间"没有硝烟的战争"每天都在进行着。

而这些企业在争夺人才时，不只会采用传统的方式。它们有时会邀请一些技术人员参加研讨会，并从中发掘有潜力的人才；有时则会通过策划黑客松来聘用可用的人才。这种情况不仅限于国外企业，据我所知，韩国国内就曾有某家 IT 企业为了吸纳初创企业中的一些人才而收购对方整个公司。

总之，为了吸纳更多的人才，众多 IT 企业用尽各种方法，争得头破血流。而其中，培养、支援社群领袖，并在未来聘用其成为公司的员工，已然成为最常见的一种方式。

发掘社群领袖并与之合作的企业

　　总而言之，世界顶级 IT 企业会通过社群领袖反映市场的声音，大幅度降低产品出现缺陷或失败的概率。如果想要创造出更好的技术，就必须接受高水平的反馈，而社群领袖充满热情的建议能够为此提供很大的帮助。在产品上市之后，企业还能借由社群领袖强大的市场影响力来进行有效的宣传。除此之外，通过社群领导力证明自己技术能力和人脉的人才，极易成为 IT 企业的重要人力资源。正因如此，IT 企业才会争先恐后地对他们进行培养和吸纳。

　　不仅仅是 IT 企业，近几年异军突起的、全球最大的空房短租平台爱彼迎和共享办公空间初创企业 WeWork，都是通过将社群作为商业核心的策略取得巨大成功的案例。拿爱彼迎来说，它并没有将那些在世界各地提供自家空房的房东当作普通用户对待，而是将他们通过"社群"的纽带凝聚到一起，不断努力地与他们进行沟通，从而形成一种可持续的、双赢的合作关系，使他们与爱彼迎共同成长。

　　我如今的同事——微软欧洲区 MVP 经理就曾在爱彼迎当过一段时间的社群经理，一年前跳槽到微软公司。据她所说，她所属的社群几乎能对爱彼迎新推出的所有服务和内容提出建议，而正是因为有了他们这种"忠诚度"，爱彼迎的业务才能迅速地发展到现在这种规模。

同样，作为全球创业企业摇篮的 WeWork，也将那些入驻自家办公室的客户通过社群组织到一起。为了帮助这些成员形成一个便于沟通的社群，公司还会主办和支援各种活动。

　　当企业基于顾客对自己的信赖和忠诚度，将彼此的一次性买卖关系转变为可持续关系之后，便可获得非常惊人的营销效果。《手机智人》（*Phono Sapiens*）的作者、任教于成均馆大学的崔在鹏教授将这种关系称为"粉丝圈"，并列举了很多事例进行说明。他在书中表示，企业要追求的方向应该是保有可以发展粉丝圈的"撒手锏内容"，从而捕获已将智能手机视为其身体一部分的"手机智人"的心，为此还列举了防弹少年团（BTS）的粉丝群 A.R.M.Y. 和在中国创造了数百亿元人民币销售额的粉丝圈消费的案例。

　　不过在世界范围内，更主流和被广泛使用的其实是"社群"这个概念。但无论使用哪个词来称呼，许多企业为了发掘新一代消费者而关注社群是不争的事实。我相信，今后还会有更多领域的企业和组织会为了发掘社群领袖或与社群领袖开展合作而不懈努力。

亚马逊的人才标准——
14 项领导力原则

用领导力武装自己的亚马逊员工们

　　15 年前几乎与我同时期就职于微软，之后一直与我风雨同舟的好友兼同事，进入了韩国亚马逊 AWS 公司。在国际市场上，微软的云服务已直追 AWS，而且市值总额也已经超越了它。但是在韩国市场，微软的云服务想要追赶 AWS 的云服务则有些力不从心。我一直很好奇，究竟是什么令亚马逊在韩国的发展如此势不可当。

　　"其他方面的情况我不太清楚，但 AWS 在选拔人才方面异常谨慎。他们内部有一套选拔人才的标准，叫作 14 项领导力原则。在聘用员工的时候，他们会严格地按照这套原则进行筛选，并且每天考查员工们是否依照这套领导力原则行事……"

我对此感到十分新奇和惊讶，居然有公司会事先树立自己所期望的领导力原则，并要求员工按照这个原则发挥领导力。作为世界顶级企业，亚马逊的目标是让所有员工都"领导化"。

出于好奇的心理，我在亚马逊主页的招聘页面中查询了亚马逊选拔人才的 14 项领导力原则（14 Leadership Principles）。由于篇幅的关系，我只翻译了标题，感兴趣的人最好可以自己查询一下，页面上每项原则都解释得非常清楚。

1. 顾客至上（Customer Obsession）

2. 主人翁精神（Ownership）

3. 创新和简化（Invent and Simplify）

4. 领导者要决策正确（Are Right，A Lot）

5. 学习并保持好奇心（Learn and Be Curious）

6. 聘用人才，更要实现人尽其才（Hire and Develop the Best）

7. 坚持最高标准（Insist on the Highest Standards）

8. 敢想敢做（Think Big）

9. 崇尚行动（Bias for Action）

10. 节俭（Frugality）

11. 赢得信任（Earn Trust）

12. 深入研究（Dive Deep）

13. 坚守信念，处理好争议和承诺（Have Backbone; Disagree and Commit）

14. 交付成果（Deliver Results）

如果将拥有这种领导力的人们聚到一起工作，将会产生什么样的效果，我们都很清楚。据说，亚马逊 CEO 杰夫·贝索斯的父母结婚后没多久就离婚了，而他则由妈妈和继父抚养长大。当他在仓库开创网络书店的事业时，他的继父为他提供了 30 万美元的启动资金。

当然，是杰夫·贝索斯的能力和挑战精神将他引上了成功之路，但他一个人的聪明和才干并不足以使他收获如此大的成就。亚马逊之所以能够发展成世界巨头企业，是因为它的所有员工都具备了领导力。

那么，想要成为亚马逊渴望的世界顶级人才，我们应该怎么做呢？难道是将 14 项领导力原则贴在床头并牢牢记住就可以了吗？亚马逊会如何辨别众多想要进入公司的人才呢？

通过面试进行全面的验证

作为微软亚洲区经理，我经常会为了选拔组员而进行一些面试。比如最近，我就通过电话面试录用了一名需要在日本工作的员工和一名需要在澳大利亚工作的员工。

为了招聘一名员工，公司里会组建一个特殊的面试团队——通常由应聘者未来所属团队的经理、与该团队业务相关的其他团队的经理等五六名面试官组成。而应聘者会与这个面试团队进行一对一的面试或集体面试。这一部分，亚马逊与其他国外企业很相似。唯一的区别是，它多了一道由"抬杆者"（Bar Raiser）评估的面试，而这些"抬杆者"是遍布亚马逊各个部门、参与过上百场面试的老手。据说，这是为了确保入职的新人在至少一点上高于亚马逊的平均能力水平。不得不说，亚马逊在这方面确实十分严谨。

总而言之，企业聘用员工的核心过程就是面试。回想自己在国外工作的经历，我几乎想不起那些应聘者简历上的大学名称和所学专业。因为除了全球各大名校，其他的很难只靠名字来判断是不是一所好大学。

通过面试，企业可以彻底了解应聘者以往的经历和在面试过程中所表现出来的态度，也会具体细致地考核他们与职务相关的实际经验。在这一点上，微软与亚马逊毫无二致。即企业会根据这个人是否具备好学的态度、是否熟悉自己的职位和职责、是否具备公司渴求的最高水平的人品和实力等依据，判断这个人是否值得录用。

单单从录用过程中，我们就可以看出一个人的实践经验有多么重要。如果没有实际的工作经验，即便拥有再丰富的专业知识，恐怕连第一关面试也很难通过。当然，这种经验并非一定要在大公司积累。

我在招聘澳大利亚的员工时，有一位应聘者给我留下了很深的印象。他刚刚大学毕业，在一家中小企业工作，虽然没有做过社群经理，但能够对自己上大学时举办乡村社区活动的经历以及所做的努力侃侃而谈，例如自己如何说服村民，如何说服地方政府的公务员来筹集经费，如何学习相关的知识，如何举办活动，最终结果又如何，等等。通过这些鲜活的经历，我得以了解他对待工作的态度、学习的心态和主人翁意识等信息。虽然因为各种原因，我最终没有留下这位应聘者，但没过多久就传来他被微软在澳大利亚的其他团队录用的消息。可见每位面试官的眼睛都是雪亮的。

如果没有作为领导者的实际经历，是无法培养领导力的。只要成为领导者，经历过哪怕一次很小的成功，那么下一次成功便会水到渠成。从亚马逊的例子中可以看出，领导力是梦想着更大舞台的职业人所必需的品质。自己现在在哪里工作，并不是很重要。哪怕在一家普通公司工作，也不要就此断定自己无法成为世界顶尖的人才。只要根据世界顶级企业亚马逊选拔人才的标准，提高自己对待学习和工作的态度，你也完全有可能成为这样的顶级人才。即便自己正处在无法培养领导力的职位上或环境中，或者还没有正式的工作，你也不要感到气馁。除了职场，你还可以通过社群充分磨炼这种领导力。因为我遇到的众多社群领袖，包括我自己在内，都是最好的证明。

小米粉丝社群——米粉

吸引多元化人才的企业

众多世界顶级 IT 企业为何会关注和重视社群领袖，这一点我们在此之前已进行了详细的介绍。正如微软有 MSP（Microsoft Student Partners）和 MVP 一样，谷歌设立了 GDG（Google Developer Group），脸书有 Developer Circle，苹果也运营着 WWDC（World Wide Developer Conference）奖学金制度。最近，建国大学的学生李在成通过自学编码技术，制作了运用 AR 技术的心肺复苏术培训软件，并在 2019 年被评选为 WWDC 奖学金的获得者，报纸上也刊登了这个消息。

此外，这些公司运营的开发者大会的规模也非常庞大。例如，微软的"Build"等开发者大会，即使每张门票价格高达

2000多美元，几万张门票也只需一两天的时间就会被抢购一空。而这些大会的演讲人既有微软员工，也有世界各地的社群领袖。只要是喜欢微软技术的人，都能成为这场盛会的演讲人。生活在澳大利亚的 MVP 刘正协就曾受到微软公司的邀请和全额资助，在美国召开的另一个微软开发者活动"Ignite"中崭露头角。有一段时间，他常常在社交媒体上满怀自信地发表感想，最近，我还听到他即将加入微软的消息。事实上，不仅仅是微软，美国大大小小的企业都会不遗余力地打造多元化的环境，使形形色色的人聚集到一起或娱乐，或成长。因为它们很清楚，在人群会聚的同时，人才和客户也会随之会聚到一起。

引导小米成长的"米粉"

或许有人会认为，只有资金雄厚的美国企业才能做到这一点，否则投资那些无法快速获利的社群根本没有意义。不过，看了引导小米公司成长的"米粉"的例子，你的想法或许就会改变。

实际上，"米粉"不同于苹果的狂热爱好者等单纯喜欢某个品牌的粉丝，而是会直接参与产品开发。例如，小米智能手机操作系统 MIUI 会以"周"为时间单位回应"米粉"的反馈，并在每周五下午 5 点进行更新。而这种战略从小米创立以来一直沿用至今。当初开发 MIUI 时，小米就曾邀请 100 位"米粉"参与小米系统的内测。如今，参与小米产品开发的"米粉"数量已经扩充到 1400 万。正是他们参与产品开发的自豪感转变为对小米的喜爱，而这种喜爱又不断吸引周边的人聚集到一起，才会形成现在的"大势"。如今，小米每年在中国各地召开的活动多达 300 场，相当于每天都有一场粉丝聚会。而小米开发者最核心的业务也是与"米粉"进行交流。

实际上，小米按照"米粉"的要求改善服务这一点与微软的 MVP 非常相似。小米创始人之一兼营销负责人黎万强，就曾将小米取得成功的重要因素归纳为"参与感"，他还表示：

"用户购买一件商品，从最早的功能式消费，到后来的品牌式消费，到近几年流行起来的体验式消费，而小米发现和正参与其中的是全新的'参与式消费'。"

最近，因为我们家购买了新的扫地机器人，我才第一次接触小米这个品牌。坦率地说，起初我并没有觉得小米的产品有多好，只是拗不过自认为翻遍了全网、找到性价比最高产品的丈夫，才不得已买了这款产品。而现在，它已然成为我的最爱。因为它的质量和性能丝毫不逊于韩国大企业生产的高端产品。事实上，在韩国国内，小米的口碑已经开始在那些追求理性消费的消费者群体中渐渐传开。换句话说，小米已经成功在三星、LG 掌控的韩国电子产品市场上突出重围。

在韩国，三星也正在努力培养开发者社群，建立客户忠诚计划。例如，每年在旧金山召开的为期两天的"三星开发者大会"就是一个很好的例子。大会以 5000 多名开发者为对象，演示三星的各种技术，并开展技术研讨会。此外，三星还在运营"年轻三星"等大学生项目。尽管项目运营得还算有声有色，但我觉得如果能够在目前的基础上稍加改进，或许能产生更大的影响力。虽然我对具体内容并不清楚，但不难看出"年轻三星"中的大学生们都聚集在内容创作领域。据说，曾经参与过"年轻三星"项目，如今成为 YouTube 专业博主和讲师的金宗五先生也是通过"年轻三星"项目培养出成为创作者的梦想的。

不过，创作者的职业固然优秀，但作为韩国顶级企业，如果能举办一些培养更多大学生梦想的活动，不是很好吗？特别是如何通过"三星开发者计划"积极培养年轻的社群领袖。这样一来，说不定能够大大改善韩国经常被人诟病的软件实力不足的问题。

一直以来，有关韩国的软件开发实力跟不上硬件开发实力的原因，存在着很多的争议。除了游戏，其他软件在海外鲜有成功的案例。在我看来，韩国的"服从"文化和培养精英的教育方式，确实对发展硬件的成功起到了积极的作用，但是对于大数据、AI 等以软件为中心形成的第四次工业革命又会如何呢？如果不能与外部社群密切交流，接受反馈信息，形成共同成长的生态环境，是否还能期待像现在这样的成功呢？

如今的消费者都很聪明，不只单纯看品牌形象而进行消费，因此企业必须要将消费者纳入企业的内部。不只是那些风靡世界的老牌企业，就连后来居上的中国企业也明白要让年轻的消费者们直接或间接地参与产品开发，从而产生成就感，进而带动消费。所以说，在当今社会，那些将社群视为单纯的同好会而轻视社群的企业将很难得到发展。

通过共享反馈信息
共同成长的生态环境

能够为共同体的发展而自发做出贡献的社群力量，是理解近几年软件市场创新型增长的关键所在。从前，相当于软件设计图的源代码是软件企业的核心机密，开放源代码就等于企业放弃了自己的核心资产。正因如此，在史蒂夫·鲍尔默时代，微软对于社群主导的开源趋势表现出了极度的敏感。

然而，没人会想到，拥有"善良的目标"的社群集体智慧彻底颠覆了软件产业的结构。随着所有企业公开源代码，共享各种有用的技术后，不可思议的事情接二连三地发生了。全世界的开发者们都积极而主动地参与到软件的开发和升级当中，成功制作出许多不亚于垄断企业核心程序的免费软件。

最典型的例子就是网络百科全书。当初互联网刚刚兴起时，微软就计划开发网络百科全书，多年来一直投入资金，调动了专业的作家、编辑人员及顶级的软件工程师。但后来，以全球网络社群为核心，数万名志愿者出于兴趣而参与撰写和编辑内容的维基百科诞生了。参与编辑维基百科并不需要特别的资格，任何人都能编辑和上传内容。虽然这并不能带来任何收益，但很多人都心甘情愿地参与其中。

微软对自己的网络百科词典持续投资了 16 年之久，但在 2009 年，它不得不宣布彻底放弃自己一直以来精心打造的 Encarta 百科全书。因为这些年来，它就像是一个无底洞一样，一直维持着入不敷出的状态。反观维基百科，在仅仅成立 8 年之后，就发展为拥有 260 种语言版本、收录 1300 多万个词条的网络百科全书。作为全球最庞大的网络百科全书，维基百科至今依然深受人们的喜爱。相比之下，几乎没有人记得曾经的 Encarta 百科全书。

不只是网络百科全书，Linux 操作系统、Ubuntu 操作系统、JAVA 语言、Python 语言、Mozilla、OpenStack 等无数开源技术都得益于社群的自发性努力而日新月异。如今，微软和谷歌也将自家产品的源代码与全球开发者社群进行共享，从而走向共同成长之路。

例如，谷歌将自家的深度学习技术和机器学习技术——Tensor Flow 软件的源代码进行共享，使学生、开发者等任何需要的人都能自由地使用。如今，韩国也有一个自发建立的 Tensor Flow 社群，会员规模多达 4.5 万名。得益于他们的努力，第四次工业革命的核心——人工智能技术也在韩国迅速发展。

由此可见，想要打造通过共享反馈信息来共同成长的技术生态环境，就必须依赖社群的帮助。也正是凭借社群的帮助，IT 行业才能实现如今这种日新月异的变化。在全球市值前十的企业中，IT 企业就占了 7 家，其原因就在于此。如果由少数的精英垄断这些技术，根本无法实现这种程度的革新。

斯里兰卡
高中学历的嘉纳卡
如何成为澳大利亚 IT 业领袖

　　提到斯里兰卡，你首先会联想到什么？除了最近传得沸沸扬扬的炸弹恐怖袭击事件之外，你或许还会想起那名因为放孔明灯而意外将整个高阳储油站点燃的 27 岁的斯里兰卡工人。对于大部分韩国人来说，斯里兰卡就是那名工人所代表的贫困国家之一。

　　事实上，斯里兰卡确实是一个位于印度南端的贫困岛国——人均 GDP 只有 2200 美元，甚至不到韩国人均 GDP 的十分之一。不过，那里并不像印度那样将英语作为官方语言。有兴趣的话，可以在网上查询一下泰米尔语，你会惊讶于世上竟然存在如此复杂的语言。

　　接下来我要介绍的这位嘉纳卡·兰伽马就出生于这个贫困国家，而且是个连大学都没有考上的、"一无是处"的劣等生。

不过，如今的他却是澳大利亚 DEL EMC 中鼎鼎有名的高级原理技术员。

我初次遇到嘉纳卡的时候，正是我继担任韩国、澳大利亚及新西兰 MVP 经理之后，成为东南亚区域负责人的时候。当时，微软突然裁掉了负责东南亚区域的日本籍经理，派我接任这个职位，而且在我接任后还不到两周的时候，面向整个东南亚 MVP 的活动就在马来西亚举行了。

由于时间太过仓促，我事先并没能对这些 MVP 进行了解，只是匆忙地整理了一些必要的行李，就直奔吉隆坡而去。除了我，还有 50 多名 MVP 为了参加此次活动，来到了闷热的吉隆坡。来自 12 个国家的肤色各异的人们注视着刚刚上任的我，认真聆听着我的每一句发言。

我很快发现，自己之前的担忧有些多余。在热情的社群领袖们的努力下，气氛很快就变得其乐融融。而其中，最积极地发表自己意见的人便是嘉纳卡。黝黑的皮肤、大大的眼睛、比肤色更深邃的眼珠，以及随意绑在脑后的长发，让我印象深刻。在那之后，我还在西雅图召开的 MVP 峰会中与他碰过几次面。

后来，我听说他接到一家澳大利亚企业的邀请，去澳大利亚工作了。能够收到韩国顶级开发者们都难得收到的邀请函，这令我感到很惊讶。之后，因为对他的成长经历感到好奇，我便通过邮件与他有过几次联系。

正如我所猜测的那样，他特殊的外貌果然与他的成长经历有着很大的关系。他告诉我，在 20 岁之前，他是一名出色的架子鼓鼓手，获奖无数。总的来说，他就是那种除了功课之外，其他方面都很出色的孩子。后来，高考落榜使他受到了很大的打击。不过，父母并没有因此而责怪他，反而劝道：

"别担心，嘉纳卡。至少你明白了自己以后该做什么。"

17 岁时与他相遇，如今已成为他妻子的女朋友当时也安慰道：

"你可以做自己喜欢的事情。重要的是，你为了实现自己的目标努力过。"

虽然他没能考上大学，但看到朋友们一个个考上大学，为了成为软件工程师开始学习 IT 技术后，他的目标也逐渐清晰起来。另外，在银行工作的大哥资助他买电脑、鼓励他学习 IT 技术这件事也是一个重要的契机。于是他决定，无论遇到什么样的困难，都要成为一名成功的 IT 专家。

也许是因为从小就喜欢玩电脑，下定决心后，他发现 IT 技术并不难学。虽然，没能考上大学的他在 21 岁时就开始工作，但令他没有想到的是，这期间积攒的经验会在他开始学习时提供如此大的帮助，可以说是因祸得福。不过，他人生中最大的转折点，应该是曾经与他一起工作过的同事将他拉进了斯里兰卡 IT 社群。

"我在社群中遇到了很多志同道合的朋友。我喜欢跟他们待在一起，所以我经常跟他们一起参加各种活动和聚会。后来，社群领导人的位置出现空缺时，我出于为大家服务的心态主动揽下了这个职务。"

当他连续 3 年为大家服务之后，微软认可了他的努力，给他颁发了 MVP 的荣誉。

"我一直认为身为 MVP 就应该扛起培训社群成员们的责任。因此，我会尽最大的努力帮助社群成员们在 IT 界站稳脚跟。当时，我感到无比自豪。"

最终，一直默默关注着他的一家名为 Empired Ltd. 的澳大利亚公司向他发出了聘用邀请函。当然也有一部分原因是，曾经在斯里兰卡 IT 社群与他共事过并且比他先一步进入该公司的同事向公司高层推荐了他。不过，这也恰好证明了社群人脉的强大之处。嘉纳卡最后对我说：

"我坚信，有志者事竟成。虽然我没能考上大学，但自从树立了成为软件工程师的目标之后，我马上就看到了自己的出路。不过，如果没有遇见社群，我也绝对无法走到现在这个位置。所以，不要害怕成为领导者。当你遇到困难时，肯定会有人向你伸出援助之手。你要做的，就是抓住他们的手，不断努力，直到发现自己也可以做到。"

—
嘉纳卡的
社群学习
成功秘诀
—

抽出属于自己的社群学习时间

嘉纳卡在 17 岁时就遇到现在的妻子，也很早就结婚了。相信拥有子女的人都能想象到，一边抚养孩子一边学习是一件多么艰巨的事情。好在他有秘诀，可以兼顾工作、家庭和学习，那就是趁着周末家人们还没起床的时间运营博客。一到周末的早上，想必大家不是睡懒觉就是无所事事地度过。但如果能够灵活运用这段时间，就能在不侵占工作时间，也不侵占与家人们相处的美好时光的情况下，好好充实自己的知识库。不只是嘉纳卡，很多国外的社群领袖都会用这样的方法进行学习。

在众多社群领袖当中，有不少都是出了名的好丈夫、好爸爸，所以我也经常怂恿我们团队里那位未婚的课长要嫁给一个社群领袖。总之，他们的时间管理能力非常值得我们学习。

有时也需要强大的动力

除了嘉纳卡，我在很多积极参加学习活动的社群领袖身上都发现了这一点。拿嘉纳卡来说，他是因为高考落榜，才产生了要成为软件工程师的强大动力。当然，我们没必要为了获得动力而故意在高考中落榜。

与社群成员们一起进行讨论，每次树立一个小目标，也是获得动力的一种好方法。例如，先树立一个在规定时间内考取某项资格证的目标，然后与社群成员们一起学习；或者组织一场邀请外部人员参加的聚会或研讨会。如此一来，在活动举办之前，你都不会轻易放松，而是会保持紧张有序的学习节奏。

当遇到成为领导者的机会时，抢先拿下再说

嘉纳卡曾多次对我说："要学会承担风险。"或者说，要学会放下"我能不能做好""我有没有时间做这个工作"等过多的担心。不过，正如他女朋友曾忠告他的那样，有必要耐心地等待，直到自己喜欢的事情出现。如果终于等到想要尝试一番的事情，又有能够成为领导者的机会，那么就一定要把握住。嘉纳卡相信，只要成为领导者，无论做得好不好，都会有所收获。在这一过程中领悟身为领导者的责任心、为共同体着想的同理心等心态，总有一天会发挥巨大的作用。

第四章

超链接时代的
核心能力——
社群领导力

COMMUNITY
LEADERSHIP

"我们'所有人的研究所'的研究人员会主动分享自己所拥有的知识。如果不分享知识、不相互帮助，研究将难以开展。大家都想积累技术，于是自然而然就形成了分享和'相生'的文化。"

没有工作岗位
的世界

第一次工业革命时代——
没有保障的制造业工作岗位

　　詹姆斯·瓦特发明的蒸汽机引发了第一次工业革命，爱迪生发明的电能引发了第二次工业革命，电脑引发了第三次工业革命，而如今，我们正站在第四次工业革命的起跑线上。第四次工业革命的核心是无人驾驶汽车、智能工厂、人工智能等与尖端技术相结合的机械。以前的机械或机器人的智能化程度十分有限，不足以代替人类工作，只能由人类进行控制和管理。但近几年，它们发展的程度已经达到了能够自行控制和管理生产过程。

　　正是因为它们的发展能够给人类社会和文化带来巨大的

变化，所以人们才将其称为第四次工业革命。延世大学的杨永游校长甚至将第四次工业革命称为"文明革命"。在他看来，这并不仅仅是单纯的工业革命，而是贯穿整体文明发展的大趋势。为了迎接即将到来的时代，政府和学术界正在进行很多调查，而调查结果却让人感到十分不安，甚至是恐惧。

韩国是经合组织（OECD）成员国中制造业比重最高的国家。然而，在第四次工业革命时期，预测工作岗位减少最多的便是制造业。据 2018 年韩国银行（央行）发布的《地区经济报告书》显示，未来会有六成的制造业岗位因第四次工业革命而消失。

韩国科学技术院的未来学者徐勇石博士，也曾在调查人口结构和工业发展变化等方面的报告中称：未来韩国的"无业游民"将逐渐增加至 576 万名。这是基于当下初中三年级（2003 年生）的学生到了 27 岁，即 2030 年开始正式工作的前景进行的预测。

事实上，自动化已经成为制造业的趋势。据《工作岗位消失的世界》的作者金常雅的调查显示：近 8 年来，韩国的机器人密度（每万名工人拥有的机器人数量）排名一直稳居世界第一。

在过去的 10 年里，韩国 2000 多家企业的销售额从原本的815 万亿韩元增长至 1711 万亿韩元，增长比例超过了 100%。然而，因为自动化系统的引进，使得哪怕销售额增长 100% 以上，雇用工人数量也仅从 156 万名增长到 161 万名，增长比例不到 2.8%。显然，企业用自动化系统代替人力，弥补了销售额增长所需的劳动力。于是，2017 年韩国机器人密度增长至710 台 / 万人，相比 2015 年增长了 34%。相较于德国的 322台 / 万人和日本的 308 台 / 万人，这比例高得惊人。可以预见，到了智能机器人成为生产力主体的第四次工业革命时代，这个比例会增长到多么可怕的境地。

我父母生活的巨济岛是韩国以造船业为代表的制造业中心。据我父亲所说，受到近期产业结构调整的影响，巨济岛突然间沦为一座幽灵城市。那些失去工作的工人和他们的家人现在情况如何呢？事实上，最近经常能看到因为家中顶梁柱失业，全家人选择轻生的悲惨新闻。说不定，我们日后还会经常看到类似的新闻。更令人害怕的是，没有人敢保证自己不会是下一个当事人。

相比 AI，你的优点是什么

这种现象不只出现在制造业。如果在网上搜索亚马逊物流仓库的视频，你会发现，巨大的物流仓库中几乎看不到人影，有的只是 24 小时运转的不知疲倦且高效无纰漏的机器人KIVA。从简单的入库、出库到储货、包装、品质监控等，几乎没有 KIVA 做不到的事情。而原本在亚马逊物流仓库工作的大部分工人都被 KIVA 代替了。这并非对未来的畅想，而是现在正在发生的事情。哪怕此时此刻，亚马逊也正在不断向全球的物流仓库推荐自己的机器人系统。相信离韩国引进这种自动化物流系统的日子也不远了。考虑到消费者在网上购物时对商品价格的敏感度，将生存和营利作为第一目标的企业，在高昂的人工成本和智能的机器人之间苦恼的时间，并不会持续太久。

那么，需要人与人进行沟通的服务行业就可以高枕无忧了吗？如果你看过开设在日本长崎县的"奇怪酒店"，应该就不会再抱有这样的想法了。虽说现在也有很多无人酒店，但"奇怪酒店"的创意更加超前。在这家酒店的前台，有一台会讲3—5国语言的恐龙外形的机器人，专门负责客人们的入住登记。另外，还有很多清洁机器人负责打扫酒店。如果客人需要什么东西，机器人也会彬彬有礼地递送到客人面前。

而如今，原本开业时的 30 名员工只剩下寥寥 9 人，据说日后还会继续削减至 6 人。由于大大降低了人工成本，这家酒店的住宿费仅为普通酒店的一半，加上前台的恐龙外形机器人深受孩子们喜欢，所以这家酒店的客房几乎每天都是满员。通常情况下，一家特色化酒店的收益率约为 8%，但这家酒店的收益率却高达 20%，可以说是目前全世界的最高水准。据说，运营这家酒店的 HIS 集团正筹备在国内外开设 100 多家连锁酒店。由此可见，即便是从事酒店业等服务行业的人员，也无法保证自己不会失业。

据 LG 经济研究院的分析报告表明，大学毕业生普遍就职的办公室岗位同样岌岌可危。不仅是会计师、税务师等专业性强的工作岗位，就连普通行政人员中 86% 的人也被归类为可能被 AI 代替的高危群体。说不定，未来企业在面试时会询问你："你觉得相比 AI，你的优势是什么？"

医疗行业也不能幸免。IBM 的沃森认知系统早已和凯特琳癌症中心、MD 安德森癌症中心等美国著名医疗机构保持着合作关系。该系统能够学习和分析数十万篇医疗文献和病例，再对癌症患者进行准确的诊断，然后根据患者的身体状态，为医生提供最合适的治疗方法。

除此之外，中国和美国也已经在使用一种发药机器人——在中国浙江医院西药房的发药机器人每天会给 6000 多名患者发药；美国的加州大学旧金山分校等 5 所大学医院曾使用机器人给患者发药，在累计 35 万次发药之中，机器人从未出现过任何纰漏。

当然，机器永远无法百分百代替人类。但无论过去，还是现在，我们正亲眼看见机器迅速取代人类进行工作的事实。而当社会进入第四次工业革命时期之后，这种速度将不断加快，同时其覆盖范围也会超出人们的想象。

不仅如此，如今很多地方的现有企业和使用尖端技术的新企业之间的利益冲突正频繁发生。这种趋势并非企业或政府能够阻止或应该阻止的事情。但政府、学术界和企业有必要齐心协力制定有效的政策，来维护人类的尊严。

第四次工业革命时代
的生存能力

没有保障的编外合同工

　　关于工作岗位的重要性，相信大家都深有体会，也清楚工作岗位正在逐渐减少的事实。但除非亲身经历失业，否则很难切身体会到那种深深的无力感，尤其对于完全靠一家之主的工资维持生活的家庭来说，那种痛苦真的是无法言喻。

　　我曾说过，我大学毕业时，韩国正处在金融危机时期。事实上，这对于我来说并不是最糟糕的事情，因为往后的15年里，我还要负责为了寻求艺术梦想而放弃好好的正经工作、偏要做一个"合同工"的丈夫和两个孩子的生计。当然，我的丈夫为了养家糊口也付出了很多，同时也没有疏忽对孩子们的教育，但他的经历却让我切身体会到了编外合同工的固有局限性。

我的丈夫会时不时地接一些短期合同的工作（多为艺术活动），因此收入很不稳定，有时候很多，有时候甚至连一分钱都赚不到。他收入高的时候，我感到很幸福；他收入低的时候，我就会非常焦虑。久而久之，就连他赚得多的时候，我也感受不到幸福了。因为我担心哪天他的收入又会跌到谷底。而在时间上，他也是时而忙碌，时而悠闲。闲的时间长了，人就会感到无聊；无聊的时间长了，人就会自暴自弃。

这个时候的人往往最容易陷入创业的诱惑之中。然而，即便是做好万般准备，做生意赔钱的情况也屡见不鲜，更何况是那种因为一时兴起就付诸行动的创业呢？庆幸的是，我丈夫在金融危机时期目睹父亲的公司破产、家庭陷入困境，所以并没有想要创业的念头。但这世上无数的父亲和年轻人，他们中大部分都被逼上了创业之路，往往会抱着"既然没事干，那好歹得做些什么"的念头去经商，但最终都输得一无所有。

想工作也没工作的时代

丈夫最终下定结论：想要在收入不稳定的情况下在艺术领域脱颖而出，就必须保持良好的心态，而管理心态最有效的方法便是定期工作。因此，每当短期合同之间有一定空闲的时候，他都会找一些事情做。我赞同他的做法，还鼓励他说，体验工人的生活有利于加深对艺术的理解。最终，丈夫在尝试各种工作之后，觉得一种叫作 Coupang Flex 的快递工作最合适自己。

起初，他觉得这份工作干多少拿多少，还算过得去。由于是使用私家车配送货物的快递方式，所以 Coupang 公司的快递网点聚集着各种各样的车辆，其中还有很多开着高档进口轿车的配送员，这令他感到很新奇和有趣。不过两三个月之后，Coupang Flex 的申请人数超过 10 万人，情况就有了很大变化——很多 Coupang Flex 配送员都得不到充足的送货量，随之而来的便是快递费不断下滑，但哪怕这样，很多配送员也接不到货物，搞得快递员群中整天怨声载道。

我从不怀疑技术发展会创造出新的工作岗位的事实，但占据新的工作岗位的永远只会是少数人，而大部分人则会被逼上绝路。Coupang Flex 也只是其中一个例子而已。

目前，全世界都在为高新技术带来的共享经济的分配问题而争论不休。曾担任克林顿政府劳工部部长的经济学家罗伯特·艾什将共享经济比作"共享碎片经济"（share-the-scraps economy）。因为相较于拥有平台的"雇主"，其他"雇员"想要赚钱并不是很容易。不只是收入，就连人权、劳动权等其他方面，都如同碎片一样变得脆弱不堪。

我们一家人由此切身地体会到，面对工作岗位即将消失的未来世界，自己根本无法置身事外。我现在会写这本书的一部分原因也来自于此。丈夫在 Coupang 公司遇到的同事中，很多都是拥有两个或三个孩子的家长。如果他们在没有社保四险的情况下遭遇了事故，该怎么办呢？就算薪酬不断下降，但哪怕是这样的工作也要当成生计来源的人突然遭遇了事故，他们和他们的孩子该怎么办呢？面对这样的情况，我们并不能盲目要求他们多生孩子，也不能催促找不到工作的年轻人快点找事情做，更不能因为自己找到了工作，就无视这些问题。

在未来30年里，有半数原本属于人类的工作岗位将被人工智能和智能机器人所取代。虽说，该如何应对今后的30年，是中年人面临的一大难题，但对于现在的孩子们来说，这同样是一个严峻的问题。因为在现在的孩子当中，或许会有一半左右的人，未来想要工作却没有机会工作，最终只能靠着政府发放的救济金来生活。我们和我们的孩子是否具备了能够承受这种情况的强大心态？我至今还未看到一丝能够解决这一问题的确切方案。因此，我们能做的只有面对现实，一步步坚定地走下去……

教育不可以成为
产业的理由

成为牟利手段的教育

即便大部分孩子需要面对的未来如此不容乐观，大部分的父母也依然固执地表示：没有学历的保障，孩子如何能够在残酷的社会中立足？但我很想问问他们：为了一份当下甚至未来都不见得能提供保障的保险，眼睁睁地看着自己的孩子变成"行尸走肉"，这样做真的有必要吗？

下面是最近刊登在《韩民族日报》上的一篇报道内容：

饱受私立教育折磨的江南区孩子们⋯⋯他们的心病正在日益加重⋯⋯

43% 的初中生和高中生承受着各种压力⋯⋯

自残、自杀等极端的想法开始滋生……

"我认为韩国被称作'地狱'的最大原因在于高考。正是因为高考的关系，所以教师们不会在教育过程中传授'相生的力量'，而是不断鼓动他们展开竞争。调查结果表明，韩国的幸福指数较低也与平时人们脱离共同体生活有很大的关系。由于将教育的过程当作提高身份地位的工具，所以人们遗忘了共生的方法。"

这是"所有人的研究所"（Modulabs）金胜日所长的原话。金胜日所长创立"所有人的研究所"的初衷也是为了改变作为"地狱"元凶的教育环境和研究环境。金胜日所长是一位拥有 60 多项海外 IT 专利的 LG 研究所前研究员。作为两个孩子的父亲，在发现很多大学生完全没有理想和抱负之后，他意识到了问题的严重性。于是他做了一个艰难的决定：离开原本稳定的工作单位，创建了"所有人的研究所"。他无比热切地渴望改变原有的教育环境和研究环境，以至于连研究所的 Wi-Fi 密码都设定为"Save the hell Chosun"。他表示，目前韩国的高考及其导致的课外教育问题非常严峻。

"在我看来，自从教育成为某些人牟利的手段，即发展为所谓的教育产业开始，私立教育市场就变得异常庞大，以至于彻底颠覆了韩国原有的教育结构。"

　　这也是我在养育孩子的过程中切身体会到的问题。学校老师始终离我们很"远"。虽然心里很想跟老师谈一谈孩子的教育问题，但每次约见老师之前，我都要考虑好几天才能下定决心。相比之下，课外辅导老师则离我们很"近"，我能随时联系对方，询问有关孩子的各种问题。

　　但即便私立培训机构的老师教育观再伟大，他们也首先是企业家，其次才是教育家。双方的关系是顾客花钱，对方则提供约定服务、拿出约定结果的合同关系。

　　然而，教育是很难在短期内见到成效的领域。这就说明，想要让父母心甘情愿地掏钱，并非一件容易的事情。如此一来，老师们也只能将教学侧重于显而易见的成果，即考试分数。这就决定了很多培训机构所教的内容都是如何快速寻找正确答案，而并非传授孩子们解决问题的方法。

　　于是，那些著名的培训机构不惜开出上亿韩元的年薪也要请到善于分析考试题目的类型和能够精准地给学生"喂"答案的"名师"。人们称这些名师为"第一棒老师"。可以说，全韩国的高三学生基本都认识至少一两名"第一棒老师"。

被超前教学压制的品格教育

如果错误的私立教育只对迎战高考的高三学生产生影响，我们或许还能睁一只眼闭一只眼，但如果这种坏影响渐渐波及更小的孩子们，那我们就必须意识到问题的严重性。

一所大型数学辅导学院通常从小学生课程就开始划分为"医科大和韩医科大""特殊高中和科技班"等多种类型。有一次，我参加辅导班的家长会时，发现参加的不只有学生妈妈，还有很多学生爸爸。而家长会的主旨便是"想要考上某某学校，就得从现在开始接受超前教学"。每一名在这所辅导学院听课的学生，每天都要上 3—5 个小时的数学课，还要完成学院额外布置的很多作业。

当需要通过与同龄的孩子们一起玩耍和冲突的过程，树立自己是谁、自己喜欢什么、自己要成为什么样的人等人生观的时候，他们却为了成为医生，或是考上某所科技大学，而被强制不断做大量的数学题。更大的问题在于，这种从未有过使命感、只知道闷头做题的孩子最终会考上医科大学，然后成为一名医生。

反观那些忙着了解自己而荒废功课的孩子，情况又如何呢？看到得病的人就会感到心痛，从而立志要成为医生的时候，他们是否会因为其他同学比自己更"出色"而受到挫折，甚至是放弃梦想呢？

如果他们都能成为医生，谁会是更好的医生呢？是从小学就开始不断解答高年级数学题，同时因数学成绩碾压他人而趾高气扬的孩子，还是心中充满对别人的了解和怜悯，同时对掌握更好的医术怀着满腔热情的孩子？

私立教育——如果不能根除，就只能进行改革

"韩国的很多年轻人在考上大学后普遍失去了理想和目标。这是一个非常严重的问题。因此，我决定创立一家正直的企业，帮助那些尚未失去目标和理想的人，让他们有机会与其他研究员一起积极而耐心地进行研究和学习。"

金胜日所长的初衷是建立一家开放的研究所，即任何人只要有想要研究的主题就能建立研究室，或作为研究人员加入现有的研究室。截至 2019 年 7 月，原本只有区区 3 个研究室的研究所已经发展到 50 个研究室，而会员研究员也从最初的 15 名渐渐增加到如今的 400 多名。虽然"所有人的研究室"中有一半以上的研究与人工智能的深度学习、强化学习、自然语言处理、无人驾驶等技术有关，但它也开设了适合初学者加入的"绿叶学校"，方便初学者们一起学习编程和人工智能的基础知识。

"我们'所有人的研究所'的研究人员会主动分享自己所拥有的知识。如果不分享知识、不相互帮助，研究将难以开展。大家都想积累技术，于是自然而然就形成了分享和'相生'的文化。研究方向也是研究员们自己决定。擅长编码的人提供编码能力，擅长数学的人则贡献数学能力。"

目前，"所有人的研究所"中不仅会研究硕士、博士级别的课题，还在尝试和摸索适合大学生及小学生、初中生的未来教育方式。至于为什么不包含高中学生，是因为他们面前挡着一座"高考"大山，所以短时间内很难见到成效。

事实上，争论私立教育市场是否有必要存在，其实没有什么意义。想要让课外辅导行业消失，那么公共教育就要兼顾原本属于私立教育的领域。但改革公共教育，使其符合时代趋势，并不是一件简单的事情，况且公共教育要承担对孩子最基本的人性教育，这一基础也不能轻易动摇。

如此一来，需要改变的只能是私立教育。无论是父母，还是从事私立教育的老师，都不应执着于短期的成果，从而毁掉孩子的未来和我们的社会。从这种角度上来看，金胜日所长的举措确实十分出色。我真诚地希望，我们的社会中能够涌现出更多着眼于相生、共享及教育的真正价值，进而培养出未来人才的教育家和企业家。

超链接时代，
谁才是真正的人才

第四次工业革命时代的特征

一想到我们如今正在承受缺少岗位的现象还会不断加剧，我就感到一阵茫然。为了解决这个问题，此时此刻有无数顶尖学者和政府领导者都在冥思苦想、争论不休。这个问题非常棘手，我们也很难借助老师、父母、前辈、上司等上一代人们的智慧，因为他们也没有经历过这种情况。另外，在技术和信息化方面，老一辈的实力也不见得比年轻一代更突出。

不过，即便不断有新的技术诞生、产业结构发生变化，如果一个人能做到"终身学习"，同时拥有建立所需人脉的能力，情况又会如何呢？如果这个人能够享受这样的过程，想必他完全可以在别人深感忧虑的未来中挥洒自如，尽情享受新技术所带来的便利，甚至，他也许还能创造出新的机会，每天都过得非常充实。如果一个人具备了社群领导力，这些愿景并非不可实现。只要观察一下未来的变化趋势、未来会需要什么样的人才，大家就会明白，社群领导力是我们在第四次工业革命中赖以生存的重要武器。

第一，今后信息和知识的产生和更替速度会越来越快。这一点我们早就在代表知识信息产业的第三次工业革命中亲身经历过。只要看看我们手里的手机，就能切身感受到技术的升级有多么迅速。哪怕是微软等世界顶级 IT 企业，如果误判了一时的技术走向，也有可能在一夜之间被其他公司取代。而在这样的时代，如果还像过去那样一味地死记硬背教科书中的内容，又会怎样呢？就算你花费小学、初中、高中及大学的 16 年宝贵的光阴拼命学习，走出象牙塔后你就会发现，自己学到的东西根本无用武之地。

总之，在这个信息和知识日新月异的时代，每时每刻学习必要的知识，是一个社会人必须具备的基本能力。然而，泛泛地学习是远远不够的，你一定要学得迅速、学得有深度。如今的学校教育只适合传授最基本的概念或理论，而对于积累结合实际业务方面的知识却存在很大的局限性。因为曾在工作现场亲身经历过实际业务的老师和教授少之又少。

第二，现有的一切都会不断融合和破坏。我们可以回想一下前一段时间发生过的出租车行业和 Kakao 共享出行服务之间的冲突。经过 IT 技术加持的 Kakao 共享出行服务，与美国的 Uber 和东南亚的 Grab 一样，已然成为全球范围内的一大趋势。

　　随着实时定位系统和无线通信技术的发展而登场的共享出行服务系统，可谓一夜之间颠覆了整个出租车行业的商业规则。而这种情况自然就会受到来自饭碗被抢的出租车行业的强烈抵制。正如大家看到的那样，在第三次工业革命中会有信息技术，而在第四次工业革命中则会有人工智能技术主导这些产业间和技术间的融合，伴随而来的便是当前秩序的崩塌和新秩序的诞生。

　　在这样的情况下，所谓的商机并不会像方程式一样有固定答案。而我们的就业机会也同样如此。像以前那样公开招聘的情况已经越来越少，而只在需要的时候招聘需要的人员这种方式成了主流。就连大学也开始摒弃公开招生的方式，逐渐转为自主招生。因为世界的变化越来越快，以至于事先画好框架已无任何意义，现有的一切都在向个性化、定制化转变。生活在这种不断发生融合和崩塌的社会，能够为自己提供机会的人脉是必不可少的。因为没有人知道什么机会将从什么人、哪个关系网中产生。

第三，未来的我们注定是孤独的。如今，人们对于家庭和职场的观念都在发生转变，而这种变化的本质中透着一种对未来的不安。由于无法保证自己的未来会如何，所以人们并不会草率地结婚。即便结了婚，由于无法预知自己在 40 多岁、50 多岁的时候会是什么情况，所以人们会拒绝生孩子。

企业的未来同样充满了不安。即使是一家实力雄厚的企业，如果没能把握住时代的走向，也有可能突然濒临破产。正因为如此，企业不喜欢招聘相对来说需要投入更多费用和时间的职场新人。另外，为了应对行情不好时需要进行裁员的情况，企业更愿意雇用编外合同工，而不是需要承担更多费用和"麻烦"的正式员工。于是，没有组织、只能孤军奋战的"孤独的个人"自然就变得越来越多。

矛盾的是，在"孤独的个人"泛滥的社会中，他们之间想要相互联系的需求会不断增加。于是，能够将他们联结起来的人就变得比较重要。最终，能够将这些"孤独的个人"凝聚到一起，进而创造出积极能量的人将被推选为新的领导者。现在，在韩国盛行的将众多"孤独的个人"连接到一起的"沙龙"文化的诞生，也是出于这样的原因。

法国的"沙龙"文化传播到韩国之后，摇身一变，成了一种新的商业模式，即一种面向缴纳会费的会员，将某些拥有共同兴趣爱好的人介绍到一起的社群服务。参加沙龙，你可以策划聚会、召集同道中人，积累主持聚会的相关经验。沙龙与其他自发性社群之间的唯一区别，是要向平台支付一定的费用。将来，人们宁愿花钱也要认识其他志同道合之人的需求会越来越多，而为他们满足这种需求的商业模式也会变得越来越发达。

第四次工业革命时代需要的能力——社群领导力

由于第四次工业革命时代的特征，每个人都必须快速、深入地学习自己所需的技术，并学会建立和活用可靠人脉的方法。在"孤独的个人"泛滥的未来社会，能够将他们相互联系到一起，并创造出积极能量的领导力也必不可少。而这一切都是具备社群领导力的人所拥有的能力。

正如前文所说，社群领袖是能够通过各种渠道学习自己感兴趣的行业知识的人——他们会参加各种研讨会，会将有相同目标的人聚到一起进行学习。至于具体的形态则并不重要。在当今这个全世界都被网络连接到一起的时代，还有什么知识和专家是搜不出来的？但是从之前的社群学习中可以观察到，如果被动地接受某个人精心准备并传播的知识，是学不到太多东西的。只有发挥"自己先一步学习，然后再传授给别人"的领导力，你才能学到真正有深度的知识。

此外，社群领袖还能随时建立有形或无形、紧密或宽松的关系网。而对于社群领袖建立关系网和运营社群的经验，世界顶级企业都会给予极高的认可。因为这是一种未来社会所必须具备的能力，也是在所有人都在摸索生存方式的第四次工业革命时代，一个人需要具备社群领导力的理由。

比学历更重要的
社群领导力

焦虑的父母们

事实上，在观察了第四次工业革命时代的特征后，我并没有产生多少新奇的感觉。或者说，因为长期在瞬息万变的IT技术行业工作，我早就对这样的变化产生了免疫力。

不过，从事着与IT行业无关的工作的人们，未必能体会到这种时代变化。他们大多是通过孩子感受到环境的变化，然后才会对此产生兴趣。研究和传播虚拟现实技术——MR、VR技术的李京龙 MVP 告诉我，最近他偶尔会看到一些中年女性来参加自己的讲座，甚至有一些孩子的妈妈因为担心孩子的未来而亲自学习编码。

当得知推动第四次工业革命的是尖端技术，尤其是工业智能化之后，很多人都开始考虑自己是否应该学一点计算机技术，以顺应未来的变化。还有一些焦虑的父母，也想让孩子学习编码或机器人技术。

当然，作为两个孩子的妈妈，我并非完全不焦虑。在用机器人代替人类的各种技术中，纯粹的计算机技术处于最核心的地位。我有一个好朋友在一家韩国著名 IT 企业的人工智能研究所工作，最近他正在为自己的团队筛选合适的员工。他们对应聘者提出的要求是熟悉网页设计和软件开发，目的是给他们正在开发的网页设计 AI 传授专业知识。可是当 AI 学完这些知识之后，那些员工又该何去何从呢？结果不言而喻。

学习习惯的重要性

学习和掌握技术固然重要，但在不了解技术前景的情况下盲目地学习技术，不如养成学习的习惯、培养学习的能力更有效。并且，学习的主题也要多元化，因为你不知道机会会来自哪里。事实上，我能拥有现在的工作，也得益于我随时学习的习惯和能力。那么接下来，我就跟大家聊一下我自己的经历。

我的大学专业是英语教育。事实上，我并没有一定要当老师的想法，但当初老师和父母都希望我选这个专业，于是我就半推半就选择了它。上了大学之后，我发现正如我之前预料的那样，自己并不适合当一名英语教师，便决定应聘大学校内英文报社的学生记者。在我当时看来，至少女记者的头衔听起来还不错。不过，那份工作确实很累，除了用英语编写报道外，还得时常参加各种酒局。现在看来或许觉得有些不可思议，但在当时，用碗喝酒是常有的事。此外，前辈们各种盛气凌人的指示也让我感到很痛苦。记得第一天上班时，我就被前辈们惩罚，淋着雨在操场上跑步，理由是新人记者上班第一天就迟到。

不管怎样，我还是坚持了下来，开始投入精力学习英文写作。抱着有始有终的念头，我后来不仅当过社长，还尝试领导过 12 名实习记者。这段经历给我带来的最大收获，无疑是让我提前体会到了残酷的社会生活，而这些经验与见长的酒量一样，成为我闯荡社会的竞争力。

另外，由于英文报社是大学里运营的学生团体，所以我得以在学校的支持下，以学生记者的身份去中国访问过 3 次。以此为契机，我对中文的学习兴趣骤增。在大三的时候，我还曾休学一年到中国留学，学习中文。而来到中国后，我不仅学到了中文，还接触到很多新颖的文化，也与其他像我一样来到中国的外国留学生有过很多交流，从而拓宽了自己的国际视野。

学校报社记者的经历和在中国留学的经历，给我提供了意料之外的机会。虽然在我大学毕业时，金融危机给社会带来了巨大冲击，但同样也为无数网络初创企业的诞生提供了机会。而我凭借自己当过学生记者的经历，有幸成为一家工科大学生们创立的网络企业的"元老"。当时的我是这样自荐的：工科大学生们虽然技术上很在行，但想要创造吸引客户的内容，就一定需要像我这种有相关经验的人。

　　之后，得益于在网络初创企业的工作经历加上在中国的留学经历，我再次遇到了一个机会——到运营各种网络游戏和网络服务的著名公司 NEOWIZ 的中国分公司任职。通过这个机会，我又在中国上海和日本积累了宝贵的工作经验。

　　再之后，凭借着在这两家公司的工作经历，我有机会在微软网络服务部门担任产品市场经理。同样，在那段时间积累的经验对我成长为如今管理 MVP 的经理提供了极大的帮助。

　　当应聘亚洲区 MVP 经理的时候，我与其他国家的同事展开了激烈的竞争，而过去出于兴趣学过的中文和日文为我争取了不少分数。此外，当我需要不断以新的身份与不同的人进行沟通时，贯穿我整体经历的学习能力也给予我很大的帮助。我并不是独自面对这一切，而是在相互鼓励和共同学习的社群中，与大家一起愉快地面对的。

需要再次强调的力量——
提问的力量、思考的力量

如果你是一名孩子的父母，我建议你不要让孩子花费太多的精力去学习马上就要被计算机代替的知识或单纯重复的计算能力。相比之下，我更希望大家能给子女们创造一种环境，让孩子能够自行编写和完善自己的故事。机器人工程师、加州大学洛杉矶分校的机械与航空航天工程系教授丹尼斯·洪表示：

"众所周知，在美国，韩国留学生往往被称作'人形计算器'。因为在解有答案的数学题时，他们出人意料地迅速、准确。但碰到没有正解或有多个答案的开放型数学题时，他们就会束手无策。另外，他们很少会提问。我不知道他们是不知道该如何提问，还是不敢提问，总之这让我感到很惋惜。"

丹尼斯·洪教授还对韩国的编程教育发表了自己的看法：

"韩国的学校更倾向于教学生编码语法。但编程教育的核心是，在发现一个问题时，为了解决这个问题而将它进行定义和理解，然后学习有逻辑地解决它的方法。因此，虽说学习编码规则很重要，但我还是建议大家，不如让孩子学习写写推理小说和做菜。写推理小说能够帮助他们练习留下阶段性的、符合逻辑的线索；而做菜则需要混合各种材料，所以能让他们练习思考自己做出来的菜会是什么味道。像目前这种老师给孩子准备需要录入到电脑中的语言，而孩子们则老老实实地完成任务的软件教育是没有多大意义的。"

除了丹尼斯·洪教授，之前介绍过的创新学院的李民石教授也曾说过相似的话：

"如今埋头苦学的那一套已经不适用了，尤其是学习编程的时候。学习数学也要讲究效率和方法。只要能够给孩子们创造一种环境，让他们有足够的时间去解决问题，以及相互提问、相互学习，他们都能做得很好。老师在上面说、学生在下面抄的教育方式确实很适用于应试教育，但这样教出来的学生永远无法超过出题的人。因为他们会一直按照评价标准走下去。受过这种教育的孩子，即使上了大学，也只是擅长做作业，而不知道自己找事情做。也就是说，即使数学学得再好，考试成绩再优秀，他们也不知道数学能用来干什么。而大学最青睐的无疑是善于学习并懂得适应社会变化的学生。因此，越是著名的大学就越想要通过自主招生招到喜欢提问和思考的学生，而不是考试分数更高的学生。因为只靠分数无法了解某个学生的学习能力。"

谁才是真正的人才

　　对于老一代的人来说，学历就等于一份保险，因此他们总是对学历抱有过度的信任，认为高学历能让一个人衣食无忧。但如今，只擅长考试的人是无法在职场中生存下来的。如果放到要与智能机器进行竞争的未来社会，他们会更加不堪。

　　如果不懂得自行思考和提问的方法，更不知道如何利用学到的知识，这样的人别说是赚钱，甚至都无法成为对社会有益的人才。你们知道在哪里能见到更多高学历的人吗？那就是韩国的"学院街"，因为那里的人最擅长教别人如何在考试中取得好成绩；其次就是"考试村"，因为那里的人最擅长考试。

　　但是，在我遇到的无数软件工程师和社群领袖中，有很多人都没有上过名校，但依然建立并培育出了实力雄厚的企业。他们对社会产生了积极的影响，还创造了很多就业机会，是社会不可缺少的一部分。我通过脸书将这些软件工程师、初创企业成员等3500多人加为好友，并保持着一定的联系。不得不说，每天看到他们战胜困难、创造奇迹的成功事例，我总会感到一阵心潮澎湃。他们每一个人都有着不同的工作和经历。例如，有的人通过简单按一下就能通电和断电的电源插座创意（猫头鹰电击器），向德国出口了400万件插座；有的人发明了即使在沙特阿拉伯的沙漠中也能种植植物的自动工具，并实现了出口；有的人则将美丽的天空作为背景，拍摄飞机的照片，还成功举办了摄影展，等等。然而，他们都异口同声地表示：自己的公司在招聘员工时，绝不会考虑学历的问题。

如果现在的情况都是如此，那么要与智能机器进行竞争的不久的将来，又会是什么样子呢？孩子们倾注所有精力才能学到的知识，对于那些机器来说会有多大难度？或许要不了几分钟，他们就能全部复制到自己的系统中。然而，机器即便再聪明，也无法自行思考。由此可见，在第四次工业革命时代，我们的孩子能够提高竞争力的唯一出路，就是培养自行提问和自行思考的能力。这也是父母们要先一步理解社群领导力，再与孩子一起探索未来的理由。

专科大学又如何——
Nexon 高级数据库工程师
康成郁

在 Nexon 北美分公司担任高级数据库工程师（Senior Database Administrator，Senior DBA）的康成郁，是一位负责数据库系统运行和管理的专家。DBA 作为管理数据库这项企业重要财产的人员，需要具备非常专业的技术能力和业务能力。更何况要管理好为全球玩家提供游戏服务的 Nexon 公司的大型数据库，他的专业能力有多么出色，可想而知。

如果说拥有这种专业能力，还在北美分公司工作，人们往往会先入为主地认为他至少是个"海归"或名牌大学的毕业生。但事实上，康成郁只上过一所专科大学，所学的专业也是移动网络管理。他大学毕业后的第一份工作，是在釜山一家电脑城管理电脑配件和信息设备。小时候，他的梦想是成为一名商人，加上他喜欢与人打交道，所以一直将销售工作视为自己的天职。然而拥有这种梦想的他，是如何在将近不惑之年的时候作为 IT 专家在美国立足的呢？

在网络购物盛行之前，想要购买电子产品或电脑配件时，人们光顾得最多的地方就是电脑城。就连刚刚从专科大学毕业的康成郁找到的第一份工作，也是在釜山的电脑城。在那两年中，他比任何人都更认真地做着有关 IT 设备、电脑配件的流通工作。后来，毫无征兆地，他的心中产生了想要探索某个领域和实现某种成就的念头。

于是，他马上跑到平生教育院网络大学进行登记，开始学习计算机工程。虽说一边上班一边学习并不容易，但也不是什么稀奇的事情。事实上，昼耕夜读的人还是有不少的。唯一将他与普通的网络大学学生区别开来的，就是博客活动。为了记录自己所学的内容，25 岁的康成郁在 2008 年 7 月开通了博客。在第一篇上传的文章中，他介绍了创建全球最大的企业级软件公司——甲骨文公司的拉里·埃里森的事迹：

"据说，拉里·埃里森喜欢别人称呼自己为'甲骨文先生'。我的梦想是成为世界顶级的 DBA。于是，我也决定称呼自己为'DBA 先生'。"

总之，在博客上立下成为 DBA 的军令状后，康成郁一边学习，一边不断积累经验。他从一家很小的游戏公司开始，经历了多次离职和创业，也不断培养着自己的实务能力。

"只要是第一次接触的和新学到的知识，我都会记录在自己的博客上。这样进行记录有一个明显的好处，那就是能够确切地了解自己所掌握的东西。另外，看到自己记录的东西能够帮助别人，我也会有很大的成就感。"

或许是因为在血气方刚的年纪立下了成为顶级 DBA 的军令状，即使已经成为 DBA，在 Nexon 等大型企业工作的时候，他也没有停下向顶级人才迈进的脚步。

"为了成为这方面的权威人物，我决定在数据库论坛回复各种提问。如果看到自己也不太懂的问题，我会为了回答这个问题而学习相关内容。甚至，在构建相似的数据库环境时，我还会进行一番测试。为此，我经常每天只睡两个小时。"

虽然这种努力并没有给他带来经济上的回报，但为了实现梦想，他始终没有放弃努力。就这样过了 1 年左右，他终于从别人的口中听到了"专家"这样的称呼，而他在论坛中留下的倾注心血的回复，则原封不动地成为他履历中浓墨重彩的一笔。微软通过这些事实确认了康成郁的专业能力和社群领导力，进而向他颁发了 MVP 奖项。

"被授予微软的 MVP 奖项后，我的视野自然而然变得更加开阔。每年访问一次位于西雅图的微软总部，与活跃在全世界的同行 MVP 以及微软公司的工程师们展开交流活动，也给我带来了极具新鲜感的冲击。"

渐渐地，他心中产生了说不定自己也能在韩国之外的其他国家工作的想法。就在这时，一次机遇也悄悄来临。一位素未谋面的外国人通过脸书，给他发了消息，求他推荐一位能够在 Nexon 北美分公司工作的有实力的数据库管理者。当时，康成郁作为连续 6 年被授予微软 MVP 的专家，在数据库技术方面有着很高的业内评价。对方也是看中这一点，才会向他发送推荐人才的邀请。这一刻，他觉得自己的梦想马上就要实现了。

"我立刻回复对方，表示自己也想到美国工作。而后来接受面试的时候，我多年来持之以恒地在博客上更新的文章发挥了关键作用。虽然面试官们都是清一色的外国人，但对于我博客内容的专业性和长期更新的努力，都给予了极高的评价。"

然而，申请到美国工作所需的工作签证成了他最大的难题。每年美国商务部公布的工作签证名额都在急剧减少，而申请人数却越来越多。因此，申请签证时的英语面试这一关很难通过。

"Nexon 北美分公司虽然位于美国洛杉矶，但由于是韩国的公司，所以韩国员工的比例很高。我的英语虽然算不上多好，但应付应聘面试还是没有问题的。"

但是申请工作签证时需要进行的面试却不一样。

"那位一脸严肃的美国大使馆员工有些不屑地说道：'美国也有很多数据库工程师。我不能理解美国为什么会需要连英语都讲不清楚的康成郁先生。'听到这些话之后，我感到一阵头晕目眩。他说的并没有错。除了我以外，美国还有很多移民，再加上那些想要续签签证的人，可谓是数不胜数。"

然而就在这时，康成郁突然想到自己是微软 MVP 的事实。

"我缓缓地直视着面试官的眼睛说道：'我是微软认可的数据库方面的顶级专家。这表示不只是美国，全球市场都需要我这种专家。'听到我的回答后，面试官原本咄咄逼人的语气也渐渐缓和了下来。"

之后，没有过多的提问环节，他的签证面试就通过了，而他也开始了自己梦寐以求的美国生活。事实上，全球公认的数据库方面的专家有很多，韩国也有很多 DBA 专家，但是微软并不会向所有的专家都授予 MVP 奖项。只有像康成郁先生那样，持之以恒地分享自己的知识、回复他人的问题，以及建立社群、为了与别人一起学习和成长而努力的人，才会被授予 MVP 奖项。因此，说他这样的人不只是美国市场需要的人才，而是全世界任何地方都渴求的人才，也没有错。

即使跳槽到 Nexon 北美分公司之后，康成郁也没有改变对社群的钟爱。如今，他创建了一个名为"数据库洛杉矶"（SQL Angeles）的 IT 社群，为居住在洛杉矶橙县的韩国人提供了一起学习和交流各种 IT 技术的平台。在这个社群中，康成郁运营着 3 个学习小组（数据库、程序设计、机器学习）。他的责任是引导大学生、职场人士等来自各行各业的人，每周自行召开聚会，一起学习相关知识。

他来到美国后继续开展的社群活动，不仅给可能被孤立的移民生活增添了些许活力，也将在美国尖端技术企业工作的韩国人团结起来，引导他们一起合作出版了一本名为《我们的历程》的书。这是一本讲述进入美国技术公司的 25 位韩国人职场经历的书，其中也包括康成郁先生的事例。他的影响力早已跨越韩国，向着更广阔的世界扩散。据说，最近他又转到 NHN 北美分公司，准备迎接更大的挑战。

养成用适合自己的方式传播知识的习惯

"自己知道和用语言表达出来,以及用文字进行说明有着很大的区别。在学习小组中进行演讲时吞吞吐吐、不能解释清楚,其实是一种对知识内容没有完全理解的表现。即使以前学过,但无法给别人讲解,这和没有学过没什么两样。经营学习小组让我感到很愉快、很幸福,因为它能让我发现自己的缺点。"

他不断召集一起学习的人,创建学习小组,然后通过小组活动,巩固原本自己掌握得十分模糊的知识。鉴定所学的知识是否完全被自己掌握的最好的方法,就是尝试将它传授给别人。无论是在学习小组还是在社群里,我们都要养成用适合自己的方式传播知识的习惯。

通过社群学习锻炼自己的领导力

事实上,想要建立和运营社群,就必须投入大量的时间和精力。首先,你需要召集与自己有共同兴趣爱好的人,然后要不断与他们进行沟通。此外,还需要付出很多学习之外的努力,如选定学习小组的主题、联系适合学习的场所等。不过,正如我们从康成郁的案例中看到的那样,运营社群就能自然而然地获得引导他人的领导力和自信心。社会真正需要的人才并不是高学历的或自私自利的人，而是不用嘱咐也能找到自己该做的事情、懂得通过学习来弥补自己不足之处，并懂得与他人合作，进而达成目标的人。因此，哪怕从现在开始，我们也要舍得花费时间，创建自己学习所需的社群。

养成记录自己所学内容的习惯吧，它会成为你履历的一部分

康成郁为了成为顶尖的数据库专家而在网上留下了无数足迹。当 25 岁的他为了成为"DBA 先生"而在博客上立下军令状的时候，是否预料到自己会获得如今这般成就呢？积累了整整 10 年的一篇篇博客文章，化身为打动连韩语都看不懂的美国面试官的强大武器；哪怕每天只睡两小时，也要回复陌生人问题的努力，使得他获得了微软 MVP 的荣誉，甚至还为他敲开了通往美国这一更广阔世界的大门。如今，他依然通过社群领导力，在美国这个广阔的国度中积累着自己的实力。而这样的他又会迎来什么样的机遇，这是谁也预料不到的。不过，只要一一实践通过他的经历了解到的秘诀，相信你也能够遇到像他那样宝贵的机遇。

第五章

通过社群领导力
成为全球人才的方法

COMMUNITY
LEADERSHIP

"社群有活动的时候，我通常喜欢先发表演讲。因为演讲能让我学习更多的知识，而分享知识会自然而然地使我具备领导力。当养成了这样的习惯，进入公司之后，我也会按照这种方式开展工作……我发现在分享知识的过程中，自己和大家都能不断获得成长。"

成为社群领袖的
第一步

工作的本质

正如之前所说，为了进入如今的 MVP 部门，我一共参加过 6 次面试。当结束了长达 3 个月的艰难历程，终于接到入职通知时，我欢天喜地地将这件事情告诉了自己的同事。然而，同事们当时的反应，至今仍历历在目。

"你是怎么想的？为什么要进入那种部门？"

他们很奇怪为什么我不选薪酬高、容易升职的技术营销部门，而是选择了专门"为他人作嫁衣"的部门。然而，这个部门虽然不太受人关注、更不容易被人们认可，却让我第一次思考自己正在做的事情有什么意义。什么是工作？我为什么要工作？

　　虽说在初创企业熬夜构思新的服务有时候很有趣、很激动，有时候也很艰辛，但在营销部门做一些有创意的工作也很不错。有能养育孩子的稳定收入，不必再因为自由职业者丈夫时多时少的收入而时喜时悲，这也让我感到很欣慰。然而，能够做有趣和有创意的工作的时间总是很短暂的，同时，所谓"固定收入"也有可能随时中断的不安感令我背负着很大的压力。此外，相比工作带来的愉快的时间，同事之间的竞争、来自业绩的压力、市场趋势的急剧变化等我要承受压力的时间反而更长。每当承受着巨大的压力时，我不止一次想过，干脆放弃这份工作吧。

　　然而，进入MVP团队后，情况却发生了很大改变。哪怕工作强度依然很高，也没有能够让我提升自己实力的重要项目，甚至领导我的经理远在地球另一端的某个地方。事实上，转入这个部门整整半年之内，我都没有见过我们部门的经理。而不久后，那位经理又突然离职，因此我至今都不知道他长什么模样。

　　而我之所以觉得能够在MVP团队感受到工作带来的成就感，是因为我遇到了一群懂得为我正在做的事情报以感激的人们。说起来，在我来到MVP团队之前，别人对我所做的工作表示感谢的次数屈指可数。或许，之前在初创企业工作的时候，有很多人使用过我构思出来的服务项目，但我从未见到他们本人，更没听过他们说一句"谢谢"。虽然为了让使用 MSN 的 1500 万名顾客对我们的服务感到满意，我们也付出过极大的努力，但我不知道对于他们来说，我的工作究竟有什么意义。毕竟我时常听到的是他们的抱怨，却极少听到他们对我的服务表示肯定。

直到我亲身经历了客户当面对我说"谢谢"，我才明白什么是工作的本质——帮助他人，并通过这种方式，对他人产生积极的影响。

我们都在做着各种工作。面包师的工作是烤面包；软件工程师的工作是开发网络服务或移动服务。

但无论我们做什么工作，目的都是帮助别人。因此，如果缺乏对人的理解、对人生的理解，以及想要帮助别人的心态，就很难做好自己的工作。哪怕之前做得很好，但只要遇到来自工作的压力，最终还是会因本质的原因而栽跟头：

"我为什么要继续忍受这么辛苦的事情？"

善良的意志

你想要做好自己的工作，并获得高额的年薪吗？那就要好好思考工作的本质，以免在承受压力时对自己的工作产生动摇；还要努力树立想要帮助别人的善良的意志，或者说要磨炼自己的人品。日本畅销书作家井上裕之在《用知识换钱的技术》一书中说过：

"要学习与自己目前的工作有关的知识，但学习的终极目的一定是'理解人性的学习'。无论学习什么，在这一点上都一样。'理解人性的学习'指的是了解自己以外的其他人的学习方式。一位与各行各业的作者都打过交道的经验丰富的编辑曾告诉我，无论对方做的是什么工作，通常职位越高的人，他的人品就越好。"

想要磨炼一个人的人品，最好的方法就是像井上裕之说的那样，学会理解自己之外的他人。但正所谓知易行难，我们究竟该如何学习理解他人呢？我也是通过自己遇到的无数社群领袖找到这一答案的。

我曾询问那些社群领袖，为什么会抽出宝贵的周末时间举办免费讲座，还要那么热情地去答复一些陌生人的提问。对此，绝大多数社群领袖都是这么回答我的：

"因为感激。因为在我还是一个'菜鸟'的时候，曾在社群留言板里提过很多问题。当时，很多陌生的社群领袖前辈都一一答复了我的提问，还手把手地教了我很多知识。而现在轮到我去帮助别人了。说起来，我现在就是在还债，偿还曾经欠下的'人情债'。"

当然，并非所有的社群领袖都会怀着这种善良的意志去维持社群学习和奉献。但令我感动和震惊的是，大部分功成名就的社群领袖都做出了这样的回答：在社群里获得别人的帮助，或给予别人帮助，又或是努力调解人和人之间的矛盾时，我们就自然而然地学会了如何去理解他人。

在如今这种世态炎凉的时代，能与给出这种纯粹回答的人们一起共事是何其幸运的事情！虽然他们未必能做与我一样的事情，但随时都能抱着纯粹、善良的目的去进行社群学习。如此一来，他们看待人生的观点就会发生转变，从而磨炼出成功人士们的共同点——"好人品"。

教授他人的学习方式
具有强大的力量

能提高记忆力的教授他人的学习方式

在前文中，我描述过世界巨头企业需要的人才的特征。学历、专业、资格证等资质，并不是它们考虑的因素。它们需要的是具备领导力、懂得"终身学习"、能够带领成员们一同成长的人。我还说过，这种能力可以通过社群学习来进行培养。那么，究竟社群学习的哪一项特征会产生这种神奇效果呢？

回想一下自己在小学、初中及高中时的学习方式，大家就会发现，在大多数时候，都是老师单方面地向我们传授知识，而我们要将这些内容牢牢地记在脑子里。事实上，这却是记忆效率最低的一种学习方式。

20 世纪 50 年代，苏联发射了人类第一颗人造卫星"伴侣号"（Sputnik）。美国得知这个消息后大吃一惊，开始通过各种研究，试图寻找提高学习效率的方法，并最终研究出了"学习效率金字塔"理论。按照这套理论，学生在听讲时的记忆率为 5%，自己看书复习时的记忆率为 10%，而在教授别人时的记忆率为 90%，即一个人在教授别人时的记忆率为自己听讲时的记忆率的 18 倍。

为什么教授别人会提高学习记忆率呢？原因有三点：

第一，为了给别人讲解和传达概念，自己就要先学习和进行准备。正是这种准备过程，会给人复习和练习的机会，从而自然地提高记忆力。听讲的学生们只需学习一小时即可，但老师却需要先理解自己想要传授的内容，思考该如何传达的问题，并在准备教学资料时再学习一次。换句话说，准备教授的过程就是一种多次复习的过程。

第二，在教授别人时，要通过语言来进行解说。相较于学生听课，老师讲课时会同时使用更多的大脑区域，而使用更多的大脑区域则意味着记忆力得到相应的提高。事实上，某个问题在自己学习时百思而不得解，但给别人讲解时却茅塞顿开，这样的例子也时有发生。

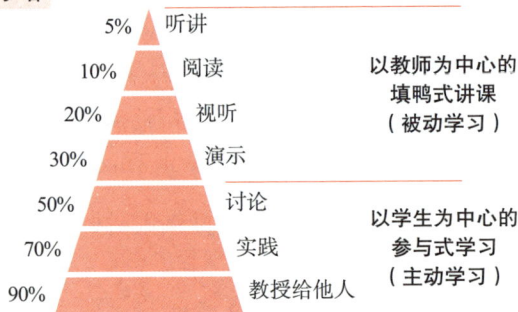

学习效率金字塔

百分比	类型	分类
5%	听讲	以教师为中心的填鸭式讲课（被动学习）
10%	阅读	
20%	视听	
30%	演示	
50%	讨论	以学生为中心的参与式学习（主动学习）
70%	实践	
90%	教授给他人	

出处：NTL(National Training Laboratory)

相比单纯的听讲，教授他人会同时动用更多的大脑区域，因此得到更高的学习效率

第三，在教授他人知识时，常常会遇到之前没有想过的问题。听到别人提问时，自己的心中也会冒出相同的疑问。事实上，我参加总公司的会议时，经常会遇到这样的情况——公司的会议通常以提问和回答的方式进行，而会议刚开始时，我经常想不出来要问什么，但听到那些习惯提问的欧洲员工、美国员工的问题时，我心里也会冒出"对啊，为什么会这样呢"的疑问，而感觉大脑一下子活跃了起来。我知道，这是大脑为了解决问题而产生的"知识化学反应"，从而启动"逻辑电路"的表现。这时，我的记忆力就会显著提高。

能够将知识完全据为己用的社群学习

教授他人也可以看作是"相互为对方解说"。世上最擅长运用"相互为对方解说"学习方式的是犹太人。因为他们从小就要在家庭和学校里学习一种名叫"海沃塔"（Havruta）的学习方式。这种学习方式通常要求两个孩子为一组，通过提问、回答、对话、讨论、争论的方式培养孩子的沟通能力和学习能力。

近年来，韩国也在尝试导入这种学习方式。例如，釜山的一所小学就对两个班的各 26 名学生分别进行了海沃塔教学和普通的教学，结果发现，相比普通班的学生，接受海沃塔教学的学生们所具备的基础探究能力、综合探究能力及科学探究能力要高出许多。众所周知，在全世界众多民族当中，获得诺贝尔奖数量最多的是犹太民族。另外，谷歌、脸书等著名 IT 企业的创始人也都是犹太人。由此可见，海沃塔教学是一种多么有效的学习方式。

相比独自学习，能够相互教授和学习的社群学习是更接近海沃塔的学习方式。当社群里定下一个主题时，成员们会为了给其他成员传授自己的知识而学习和整理很多与主题相关的内容；接下来，他们在准备演讲资料时也会复习一遍内容；之后，进行演讲，即用语言向别人解说时，他们会同时调动大脑的多个区域再次进行学习；演讲结束后，他们还会收到各种各样的提问。由于社群成员形形色色，谁也无法预料问题会从哪里、以何种方式提出来。而在为了回答这些问题而努力思考时，演讲者的大脑中就会爆发剧烈的"知识化学反应"。从这种角度来说，只有社群学习才是真正将知识据为己有的学习方式。

适用于现场工作的 "鲜活" 的学习

教室外的学习

　　社群学习的优点不仅限于惊人的效率，人们还可以通过实际操作来学到自己想学的知识。考虑该导入哪种教育方式应对社会变化的问题最多的，无疑是教育界。在接受韩国《中央日报》采访时，延世大学的前任校长梁游烈教授在提及第四次工业革命时代的教育方针时说道：

　　"在第四次工业革命时代，主动学习能力和解决问题能力最出色的人便是人才，因此我们要让学生走出教室。为了解决各种社会问题，延世大学开设了 88 个讲座和 35 个创业讲座。这也是为了让人们睁大眼睛去寻找问题。"

教室外的学习也是哈佛大学最为注重的部分。《女性朝鲜》杂志也曾在评论一本名为《哈佛的清晨习惯》的书时这样写道：

"听课，去图书馆，再回宿舍——凭借这样单调的学习模式很难获得成功。哈佛大学的学生们每周都要花费约 20 个小时的时间参加课外活动，而参加两种以上课外活动的学生的比例甚至占了 70%。毕业于哈佛大学的知名人士在校期间也都参加过大量的课外活动。例如，奥巴马在学生时期就很重视课外活动。他是《哈佛法学评论》的首位黑人主编。据说，他富有创意和深奥的评论曾给芝加哥大学法学院的迈克尔·麦康奈尔教授留下了非常深刻的印象。迈克尔·麦康奈尔可以说是最先发现奥巴马才华的人。当时，他不仅给奥巴马介绍了芝加哥大学兼职讲师的工作，还为他准备了办公室及电脑。兼职讲师的经历为奥巴马日后发挥出色的社交能力和演讲能力打下了坚实的基础。"

没有想要加入的社群就自己创建

社群学习能够让我们快速学到自己感兴趣的内容，或者是能够解决某个问题的内容。这个过程很简单，只要在众多社群中，选择与自己感兴趣的内容有关的社群即可。如果找不到自己想要加入的社群，我们也可以自行创建相关的社群。事实上，起初对自己想要了解的技术知识一窍不通，但建立社群后，召集拥有相同兴趣爱好的人，慢慢积累实力，最终成为该技术领域的专家，这种事例并不少见。

目前，在 NHN 公司 AI 研究部门工作的宋虎延先生就是一个典型的例子。他在大学时期主修计算机工程，对 AI 技术一无所知。后来，因为一次偶然的机会加入了学习 AI 技术的脸书社群——韩国 TensorFlow，他才渐渐对 AI 技术产生了兴趣。之后，他在板桥工作时，又召集了同样喜欢 AI 技术的人们，建立了一个学习小组。作为领导者运营学习小组，使他自然而然地接触到很多 AI 领域的人；而通过教授 AI 知识的过程，他迅速、有效地掌握了大量 AI 知识。大约 1 年之后，他被 NHN 公司聘用为 AI 研究员，将社群中学到的 AI 技术运用到实战中，也由此得以更加深入地学习。

此外，35 岁时才通过社群接触到编程的 Recursivesoft 公司总裁朱珉奎先生也是一个典型的例子。年轻时的他曾在一家日本旅游公司担任导游。那时，他已经是 3 个孩子的父亲了。后来，他还做过一段时间的外汇交易。但他其实一直都渴望学习计算机编程知识，因为在大学时期到美国做志愿服务时，他经常接触网页管理等与电脑有关的工作，所以对此很感兴趣。

正当此时，史蒂夫·乔布斯发明的苹果手机触发的 APP 开发市场面世了。

　　"我果断放弃了作为谋生手段的导游工作和外汇交易。来自各方面的压力太大了，我甚至一度都不想活了。放弃工作后，我的生活变得非常拮据，只能靠透支信用卡来维生。但我不想继续做自己不喜欢的事情，于是下定了决心……"

　　为了学习 APP 开发的相关技术，他召集了釜山地区有同样想法的人，建立了社群。这就是"釜山智能手机应用开发者论坛"诞生的初衷。平台搭建好后，各种各样的人开始聚集到一起——其中不但有釜山、庆尚南道地区的大学教授和真正的 APP 软件开发者，还有像朱珉奎总裁那样想要学习 APP 开发知识的人。由于起步太晚，朱珉奎总裁不想浪费哪怕一点时间。于是，作为社群领袖，他开始组织各种学习小组、论坛，主持研讨会，还积极做各种演讲。

　　"社群里既有大学教授，又有实际在该行业工作的人，所以学习中产生的疑问很容易就能得到解答。而正是因为常常听到他们的演讲，我才能学到更'鲜活'的知识。"

　　通过"鲜活"的社群学习，朱珉奎虽然起步较晚，却实现了将知识"据为己有"。如今，他通过曾经一起参加社群学习的教授介绍，在一家大学给学生们授课。另外，他还创立了自己的公司，做着自己想做的工作，过着衣食无忧的生活。然而，通过社群学习，他最大的收获则是与那些一起学习和成长的社群成员之间建立了紧密的人脉关系。

一起学习的社群的力量——
人脉

事实上，社群学习之所以具有如此巨大的影响力，是因为它能建立宝贵的人脉。每个社群的成立都会围绕一个特定的主题，所以它自然而然就能聚集一批对这个主题抱有兴趣和热情的人。一个完整的社群中，不仅有单纯对该领域感兴趣的学生，还有很多想要学习当前高新技术的在职人员和企业家。

正如之前我观察到的那样，微软等国际企业、IT 企业及初创企业并不会大规模公开招聘员工，而是会在需要的时候随时进行招聘。目前，很多韩国大型企业或中小企业也在逐渐减少公开招聘的次数，转而更多地采用随时招聘的方式。例如，现代汽车集团就于 2019 年 2 月宣布彻底取消公开招聘，这说明它日后只会采用随时招聘的方式。随后，2019 年 7 月，SK 集团也宣布取消公开招聘。不过，考虑到一些待业青年的情况，它将用 2—3 年的时间来完成这个转变过程。

企业从原本的公开招聘转变为现在的随时招聘，原因可以总结为两点：一是因为工作岗位的减少；二是因为从公司运营的角度上来说，在需要的时候招聘合适的员工，这种方式效率最高。然而，随着招聘方式的整体转变，人脉的重要性也变得越发突出。毕竟，由最了解自己的价值、能力及人品的人组成的关系网越广泛，遇到机遇的可能性就越大。为了证明人脉的重要性，我想跟大家分享活跃在广告界、IT界及影视界的郑根旭副社长的经历。

相信很多人都记得韩国历届票房排名靠前的电影《观相》《暗杀》《朝鲜名侦探》《出租车司机》等，而这些电影都曾经过郑根旭之手。最近，他与中国规模最大的娱乐集团——华谊兄弟联手创立了"圣诞快乐娱乐公司"，以开发国际化影视内容为目标，为书写新的票房神话而努力着。

"事实上，制作广告、统筹外企业务的工作与我现在筹备的制作电影的工作是完全不同的。如果当初我选择一个人闭门造车，一定做不到现在这种程度。正是因为有一群长年保持着质朴的关系、时常一起学习的前辈们，我才能如此大规模地进军新的领域，并与他们一同成长。"

郑根旭是在大田上的高中。据说，他从小就喜欢英语，所以加入了面向大田高中生的英语会话社团。即使上大学之后，他也依然积极参与社群活动。而他在大学时参加的英语会话社团，是首尔市各大高校联合创建的社群，聚集着很多首尔各大高校的学生。

因为大家都是单纯喜欢英语而聚到一起的，所以在彼此的积极影响下，他们一直踊跃组织演讲会，认真地学习英语会话。当时，活跃在社群里的前辈当中，不仅有大家熟知的"吴成植生活英语"的吴成植先生，甚至还有康奈尔大学的张寿川教授。受这些前辈的影响，郑根旭也自然而然地培养出了足以胜任在跨国公司工作的能力，离开之前任职的 LG 广告公司后，又进入微软担任要职。

"社群有活动的时候，我通常喜欢先发表演讲。因为演讲能让我学习更多的知识，而分享知识会自然而然地使我具备领导力。当养成了这样的习惯，进入公司之后，我也会按照这种方式开展工作……我发现在分享知识的过程中，自己和大家都能不断获得成长。"

他也表示自己能够实现如今的成就，与曾在社群中遇到的好前辈们和好同事们的帮助是分不开的。无论是他刚刚踏入社会，在 LG 广告公司做广告策划的时候，还是在进入微软的 MSN 事业部的时候，抑或是跳槽到电影行业的时候，他走的都是社群中的前辈们曾经走过的路。

"我这个人好像天生就没有梦想和抱负。每当别人问我有什么梦想时，我的回答始终都是'不知道'。即使参加社群活动，我也并非出于学习或成功的目的，只是单纯地觉得有趣才加入的，没想到这会给我的阅历和成长带来如此大的帮助。"

　　成功的人往往容易产生是自己一个人实现了梦想和蓝图的错觉，但真实的情况通常是在与别人一同成长的过程中实现这一切的。我们不要总是盲目地思考"我的梦想是什么"，而是应该尝试在社群中学习自己喜欢的知识。久而久之，你就会发现其实自己也有梦想。

　　总的来说，郑根旭涉足多个领域，有将各个领域"融会贯通"的能力，其实就是通过在社群中长久发展的人脉的力量造就的。对此，郑根旭解释道：

　　"俗话说'人无完人'，人生的核心就是一个弥补自己不足的过程。因此，我们要考虑如何利用自己天生的长处去弥补自己的短处。想要做到这一点，就需要先分享自己拥有的那一部分。在那以后，我们就会发现自己身上发生着非常神奇的变化。"

利用社群领导力
培养全球胜任力

"该如何"比"从哪里"更重要

　　为了将子女培养成国际化人才，很多父母会让孩子从小就到国外留学。或许在他们看来，自己的孩子只要从外国大学毕业就能成为国际化人才。但事实上，这样的做法有时反而会弄巧成拙。尤其是在孩子没有认真考虑好专业的问题，就盲目地踏上留学之路，或者因为英语实力不足和性格内向，无法在当地建立人际关系的情况下，大学毕业后他们十有八九会面临各种就业困境。这一点从韩国留学生的就业率远远低于中国留学生和印度留学生的情况就可以判断出来。因为他们比韩国留学生更重视人脉，会更加积极地参与到各种社群活动当中。

　　据了解，在美国的韩国留学生数量有 6 万人左右，相当于中国留学生数量的 19% 和印度留学生数量的 40%。但是获得就业签证的韩国人人数只有中国的 10% 和印度的 2.5%。虽然其中存在各种原因，但最有说服力的一个原因，便是韩国留学生的学习方式对于他们建立就业所需的人脉没有任何帮助。

出于工作需求，我经常到新加坡或澳大利亚出差，与那里的很多 IT 社群的人士打交道。其间，我经常能碰到与当地人打成一片的印度人或中国人，但想要在这些社群中找到韩国人的身影却很难。

我并不认为韩国人不喜欢学习。我相信，如果到图书馆，很容易就能找到埋头苦学的韩国留学生。然而问题是，即使他们再怎么认真地学习，也很难将其转化为就业成功率。不只是韩国，国外大多数企业采用的都是根据需求随时招聘的方式，并且十分注重个人经历。如果不能到与自己专业相关的企业实习，或找到与专业相关的社群，学习各种实用的知识，想要找到好工作无异于天方夜谭。

因此，我建议大家不要草率地决定去留学，而是通过社群学习，间接去"留学"。如果能够灵活运用社群学习，完全可以获得跟留学国外一样的效果。在这里，我想分享一下曾担任过 OpenStack 社群领袖、最近刚被微软聘用的崔英洛次长的经历。

崔英洛并没有到国外留学的经历，只是读研究生时曾到加拿大滑铁卢大学做过半年的交换生。而在那里，他有幸接触到一个名为 OpenStack 的非营利团体的开源云计算项目。

"起初，我打算读完信息电子融合硕士学位后，再继续攻读博士学位。但一段时间之后，我发现熬夜做研究并不适合自己。我觉得只有那些真正痴迷于这个专业的人才适合做研究。因为我发现，就连那些我原以为会稍微清闲点的教授和研究员们，也经常要通宵达旦地学习专业知识。"

于是，他决定不再继续逼自己学习，转而将精力投入OpenStack 的社群活动。其间，他曾在互联网初创企业和与医疗相关的企业工作过，但从未放弃参加社群活动。

"有一次，OpenStack 国际团队的领导人退出了社群，于是我就抱着学习的目的做了自荐。作为国际团队领导人，在长达 1 年的时间里，我曾与德国、法国等国家的团队展开过合作。得益于此，我的英语水平也提高了不少。"

除此之外，他还通过 Travel Support 的支援计划，参加过 OpenStack 的国际会议。相比到国外留学，如果经常参加OpenStack 的各种国际会议，更能激发和培养一定的国际嗅觉。崔英洛也是通过社群活动培养出来的国际嗅觉和稳固的人脉，才得到了进入微软公司工作的机会。他手下的经理是一位在马来西亚工作的印度女性。每天，他都会用英语进行多次电话会议，并下达各种任务。尽管在进入微软之前，他从未在跨国公司工作过，但他现在在微软工作并没有任何问题，因为他早就在社群中积累了相关的经验。

学外语也可以靠社群

我是微软美国总公司下属的负责亚洲区 MVP 项目的经理。我所管理的 MVP 都分散在亚洲各个地区，甚至包括我手下经理在内的大部分团队成员都位于美国西雅图。因此，除非有特殊情况，我一般都会用英语主持会议。看到这种情况，很多人说不定会将我当成一名"海归"或从小在英语圈内长大的人。为了避免这种误解，我想给大家讲一讲我自己的经历。

我从小生活在巨济岛，就连首尔也是临近高三时才有机会去过一次。当时为了参观首尔的几所大学，我们全家人坐了整整 8 小时（当时确实需要花这么长时间）的公交车。这还是父母为了鼓励女儿迎战高考，下决心策划出来的惊喜。从小学一年级到六年级，我一直都待在同一个班级，因为我们学校每个年级只有一个班级。而在上大学之前，我从未上过英语辅导班。

上了大学之后，我非常积极地参加英语话剧社团的活动。当时，如果我们的发音不标准，就会被学姐们狠狠地训斥一顿。

为了区分"R"和"L"的发音，我每天都要做几十次发音练习。如今回想起来，正是那时付出的努力才造就了现在的我。

如果发音不准确，即使英语理论知识再扎实，也很难跟外国人进行交流。反之，如果英语实力普普通通，但发音很准确，至少简单的沟通不成问题。而只要能够进行交流，提高英语会话水平就指日可待，因为你会自然而然地模仿别人说过的话，如同孩子们在学习语言时出现的"模仿"过程。

事实上，在进入这个 MVP 管理部门之前，哪怕身处微软，我也很少使用英语。因为大部分团队成员和客户都是韩国人，能用到英语的情况极少，所以我的英语实力也始终在原地踏步。而去总部出差时，对于别人的话，我也只能勉强听懂一半。至于听不懂的那部分，我便用微笑来回应。然而，自从进入新的部门之后，情况就改变了，每天我都要与英语展开"殊死搏斗"。

起初，我也只能采用死记硬背的方式。例如，每天打印总部发来的邮件，拿在手里，朗读一遍又一遍。我觉得只有这样才能写出与它水平差不多的邮件。在之前的部门，我每周只需发一两封邮件，但自从进入这个部门之后，我几乎每天都要发一封邮件，而且每次发邮件都要花很长的时间，因为每次我都要从头到尾检查好几遍才敢发送。

后来，当我开始负责管理澳大利亚和新西兰的 MVP 时则更让人绝望。因为他们说的话，我几乎一句都听不懂，我甚至怀疑他们说的是不是英语。更让我头痛的是，他们一个比一个能说。每当他们带着特有的澳大利亚口音、新西兰口音跟我侃侃而谈时，我只能努力装出一副听得懂的样子。

就这样过了几个月后，我的情况渐渐发生了改变——写一封邮件需要的时间从 1 个小时渐渐缩短为 50 分钟，40 分钟，30 分钟……而现在我只需 10 分钟就能发一封英文邮件。此外，我的英语对话能力也有了显著的提高。

学习英语的韩国人，通常会先想一下自己要说的韩语，再将它转换成英语讲出来。由于对话时需要先思考一阵，所以双方很难流畅地交流。然而，想要提高英语会话能力，又必须多交流。这样一来，事情就陷入了一个困境。

对于像我这样学习英语的普通人，我建议大家先从英文写作开始着手。这里说的写作指的是生活化写作。想要创造这种环境，就要多跟外国人进行交流。如果条件不允许，我们也可以像前面介绍过的崔英洛那样参加国际社群活动。我说的并非什么大型的活动，而是进入脸书等社交网络，选择自己感兴趣的主题群，定期分享相关信息。也可以在推特或YouTube 上，关注几个经常上传你感兴趣的内容的外国网友，每天用英语给对方发的文章写评论。总之，只要保持每天都能用英语写作就行。

刚开始写作时，哪怕多花费一些时间，我们也要保证语法结构的完整。只有养成这样的习惯，当我们用英语阐述某件事情时，才能表达得更准确。如果从一开始就打马虎眼，之后即使再努力，英语水平也很难得到提高。

此外，我们还要用准确的发音大声朗读自己写的文章，直到讲得滚瓜烂熟为止，就像我们跟外国人面对面交流一样。英语会话是什么？不就是将自己写的英语文章说出来吗？我想，如果能够跟周围人一起创建一个类似于我在大学时期参加过的话剧社群一样的社群，相信能够获得不错的英语学习效果。我们既可以背诵英语台词，又可以不断练习正确的发音，可谓一举两得。至于表演的乐趣则算是锦上添花。

英语要经常使用，否则实力很难得到提高。即便英语实力得到了提高，如果不坚持使用，就会退步到原来水平。这一点对学习所有语言来说都是相同的。即使花费大量的财富和时间到国外留学，若回国后不再使用外语，也会渐渐忘得一干二净。因此，掌握外语最好的方法就是哪怕身处国内，也要创造一种环境，让自己每天都能用外语写一些感兴趣的内容。

Meetup 是一个全球性的网络社区，主要提供连接各种社群聚会的服务。如果在这里寻找自己感兴趣的社群，说不定就能接触到在国内工作的外国人。如果能够当上国际性的开源社群领袖，不只能接触到更多的技术，还能获得更多的英语学习机会。由此可见，即使是外语也能在社群中学习，还不用担心学习过程会枯燥。

在国外更受欢迎的提问习惯

在前文中，我强调过很多次，最重要的不是学历，而是自行提问和思考的能力。这种能力是在国外生存所必需的。我给大家讲一下在纽约国际汽车零部件集团中担任高级产品经理的郑再华先生的事例吧。如今他已经是两个孩子的父亲，也是纽约一家蒸蒸日上的初创公司的经理，但他其实是一个从未留过学的、出生在庆尚北道金泉市的土生土长的韩国人。上高中的时候，他很贪玩，甚至高三第一个学期都结束了，他连一次模拟高考都没有参加过。每次考试的时候，他都会逃学。直到有一天自己的玩伴们跟犯罪案件牵扯在一起时，他才意识到问题的严重性，决定要考上首尔的大学，远离之前的那群坏朋友。

下定决心后，他开始发愤图强，每天只睡一小时。最终，他成功考入汉城大学多媒体工程专业。或许是大器晚成，当其他学生考入大学后热衷谈恋爱或喝酒的时候，他却对英语学习产生了浓厚的兴趣。

"当时，我正在跟朋友们喝酒。坐在我们后面的几个韩国人突然用英语交流起来。我身边的朋友听到后顿时骂骂咧咧，指责对方身为韩国人不说韩国话，不配做韩国人。但是我却不这么认为。说英语又怎么了？如果把英语学好了，到了美国遇到穷途末路的情况，好歹还能到大街上乞讨，不是吗？

为什么要排斥这种事呢？"

这件事情给郑再华留下了很深的印象，同时也唤醒了他的好胜心。他想证明，即使是农村出身的自己也有能力说好英语。在之后两年内，他全身心地投入英语学习当中。为此，他毅然舍弃了韩语的电视频道，只看英语频道；哪怕被别人指指点点，也尽可能多地练习英语对话；在别人去国外留学时，他选择了不断积累自己的实务能力。这期间，他的英语水平也自然有了飞速的提高。

幸运的是，他在大学攻读的多媒体工程及互动娱乐专业很适合他的性格。他不仅在有线电视台实习过，还尝试过自主创业，从而积累了大量实务能力。后来，他从手机游戏开发商 Com2uS 公司离职后，便举家迁到美国。

因为是初次来到美国，他很担心自己找不到工作。但这时，他喜欢提问的习惯发挥了关键的作用。有一次，总部设在纽约的美国移动应用软件开发代理商 Fueled 公司的老板对他进行面试。当时，这位年轻气盛的老板似乎有些看不起长着一张东方脸的郑再华。

"他当时问我，既然我来自韩国，为什么不使用三星手机。对此，我直接反问他为什么会带有这样的偏见。我还略带挑衅地问他，作为一家提供顶级移动应用服务的公司老板，带着这种偏见如何能够给客户提供最优质的服务。最终，这位老板表示很满意我这种自信的态度和视角，便当场将我录取。"

　　当然，他能够进入这家公司最关键的原因，其实是他多年来一直在移动服务行业任职的专家经历。但即使是能力再出色的专家，倘若与应聘企业的文化格格不入，也很难被录用。不仅韩国的公司如此，美国的公司同样青睐敢于将自己的想法准确、大胆地说出来的魄力。英语实力并非关键，卓越的思维和提问的习惯才是最核心的能力。

利用社群领导力
来赚钱

学习自己感兴趣的知识

赚钱，即自食其力，是非常重要的。听到这话，想必很多人会反驳："这不是废话吗？""想要进入好公司，除了从小拼命学习，还能有什么办法？"但我想说的是，他们的方法其实都用错了。正所谓"食髓知味"，只有赚过钱的人才懂得如何去赚钱。那些为了进入好公司而一味埋头苦学的人，根本无从知晓自己拥有什么样的才能、怎样利用这些才能去赚钱。别人有的经历，他们或许也积累了不少，但他们并不知道该如何让自己看上去与众不同。

有一次，我有幸见到了曾在美国当过软件工程师，现任职于三星电子智能实验室的任白俊常务理事。他还是《幸福的编程》《躺着就能看的运算法则》《多语言编程》等众多程序员们熟知的畅销书的作者，也是常年通过播客《我是程序员》与社群进行沟通的社群领袖。

"我是两年前进入三星电子的。其间，我时不时会'客串'公开招聘新员工的面试官。当时应聘者们的学历之高，一度让我为之汗颜。我能感觉到他们为面试做了很多准备……只是我很难判断他们孰优孰劣，总感觉都在伯仲之间。其实，我更中意的是那种哪怕学历比别人差一点，但参加过很多活动并与应聘的职位有关的人。换句话来说，要么在特定的公司实习过，要么参加过相关的社群活动，要么参加过黑客松活动等，这种'有故事的人'更能引起我的注意，也更能让我产生想要给他们一个机会的冲动。"

之前我说过，社群学习的起点就是树立善良的目标，这个目标要源于自己的兴趣和意志。如果你的年龄还小，不用担心养家糊口的问题，我建议你将自己的"兴趣"当作社群学习的目标。因为出于兴趣产生想要学习的冲动非常难得。另外，越是人到中年，曾出于兴趣学习过相关知识的人与他人之间的"深度"和"广度"的差距就越发明显。只有出于兴趣不断学习，才是任白俊强调的积累"自己的故事"的最好方法。

今后，"个人故事"的力量将变得越来越重要。如今参加公司面试，你都要说服面试官，让他们看到你与其他实力相近的人之间存在哪些不同。更何况在未来，你的竞争对手不仅是人类，还有 AI 和智能机器人。只凭考试成绩、数学和英语能力、常识以及软件开发能力等条件，是无法在与 AI 和智能机器人的竞争中胜出的。能够战胜它们的唯一武器就是你从出生到现在的人生经历，即"自己的故事"。而这个故事必须与众不同。

我希望大家能够将自己出于兴趣，参加社群学习的内容也添加到自己的简历当中。不过，如何将自己的故事进行"改编"，使其能够符合面试官的胃口，同时从其中提炼出该公司或团队需要的力量，就要看你自己的能力了。

正如前文提到的，我在大学毕业后就成为一家初创企业的创始人之一。而当时我既不是工科生，也不懂互联网技术，唯一能拿得出手的经历便是当过学校英文报社的社长，做过内容。正是因为有了这样的经历，我才能成为大学生网络杂志的负责人，并正式踏入 IT 行业，一步步走到现在的位置。

能够提供强大力量的"自己的故事"

如果你的当务之急是养家糊口，又该怎么办呢？不少年轻人都向往稳定的生活，所以往往寄希望于包括公务员考试在内的各种考试。我并不是说这些有什么不好。如果自己对考试很有信心，或抱有终身为国家服务的信念，当然可以选择这个方向；即使花费几年时间专心准备考试也不用担心生活问题，或者你坚信为准备考试而付出的时间是物有所值的，也当然可以这么做。

但如果你希望一边做自己喜欢的事情，一边赚钱，或者一边赚钱，一边学到各种技术和智慧，那你就必须马上离开图书馆。如果你希望即便不努力，也能享受安乐的生活，那么你同样需要跳出这个圈子。否则你根本无法书写超越他人的强大"故事"。

即使过程有些艰辛、看似绕的路比别人更多，你也要找到属于自己的那条路。因为它会为你创造成为"大器"的条件。虽然能够证明这一点的事例有很多，但我想微软的虞美英副社长的经历应该最有说服力。

虞美英副社长出生于韩国庆尚北道的奉化郡，毕业于首尔大学英文专业。大学毕业后，她进入了一家名不见经传的小型 IT 企业。因为她有在大学时期参加学生运动的"前科"，所以很难到大型企业工作。

然而她参加工作后不久，韩国就陷入了金融危机，公司也陷入了困境，以至于她在长达 1 年的时间里几乎没领过多少工资。而当时，她家中还有一个嗷嗷待哺的孩子。听到这里，很多人或许会感叹："看吧，小型企业最没保障了。"但正所谓"危机就是机遇"，在应对危机的过程中，我们能够培养出有别于他人的力量。

不管怎样，虽然她一直向各大企业投简历，但总是会被淘汰。对方给出的理由是，作为资深员工，她的经验太过分散，缺乏竞争力。于是，她决定快速积累自己的专业能力。后来，她通过熟人进入一家小公司，将"技术营销"视为自己的专业领域。

"然而，营销离不开酒桌，所以我很快否定了自己之前的决定。后来，在翻译有关中间件 WebLogic 的书《企业 Java 基础》时，我便决定要让自己积累一些必要的技术知识。"

她发现翻译专业书籍是一种非常不错的社群学习方式。

"不过当真正接触到翻译工作后，我才发现它并没有想象中那么简单。虽然我的专业是英文，我在英语方面还算比较自信，但完全不懂技术基础知识让我两眼一抹黑。"

为了解决这个难题，她同样是通过发挥自己的社群领导力，联合合作公司的技术员一起来解决的。在连续 6 个月利用业余时间进行苦学之后，她已经能够制作最基本的技术介绍资料。靠着不断积累的技术知识，她的技术营销手段渐渐全面碾压其他同行。即使之后遇到了其他难关和挑战，她也能凭着自己出色的危机应对能力，以及与他人一起成长的善良意志，成功地一一克服。

不同于其他在普通企业成长的管理人员，她的故事给予我们极大的感动和共鸣。如今，她经常会被邀请到各种讲座授课，同时作为一名具备优秀人品的领导者，她也时常会给自己身边的后辈们提供指导。

"兴趣""幸福"和"学习"

我们再次回到任白俊常务的故事中。事实上，除了虞美英副社长和任白俊常务之外，还有很多出色的社群领袖都陈述了差不多的经历——因为自己突然很感兴趣，就学了某种知识；后来开始面临养家糊口的问题，就开始工作；而发现想要好工作，又需要学习更多的专业知识，于是就创建相关社群，开始社群学习，在领导社群的过程中，不知不觉就培养出领导力，最终有了现在的成就。

解决温饱问题虽然是一种负担，但也会成为我们成长所需的动力源泉。俗话说得好，人不逼一下自己，永远不知道自己的潜力有多大。

任白俊在 20 多岁时就结婚了。在三星 SDS 公司工作一段时间之后，他得到了一个机会去美国留学。然而，在他孩子刚刚半岁的时候，韩国爆发金融危机，原本 800 韩元就能兑换 1 美元的汇率，一下子骤跌到 2000 韩元才能兑换 1 美元。对于一直靠着之前在韩国工作的积蓄度日的他来说，这无异于晴天霹雳。

于是，他只能千方百计维持生计，同时寻找各种能够学习知识的方法。不过由于英语对话能力太差，他始终没能找到合适的机会。直到有一天，他在学校公告栏中看到研究生院助教团队正在招聘会使用 Perl 语言编辑和维护学校网页的管理人员。虽然之前从未使用过 Perl 语言，但他还是先跑到书店买来一本 Perl 语言教程，然后就直接提交了申请书。他临时抱佛脚学了一些技术，也参加了面试，但通过选拔的可能性很小。他抱着"这是最后的机会"的心态，每周都打电话询问，但对方的回答始终是"继续等通知"。

直到一个月之后，他突然接到了"可以来工作"的消息。后来他才知道，学校原本选择的应聘者出于某种原因退出了，所以这个机会才会落到了连候补名单都没进去的任白俊身上。而这一切都归功于他在之前的一个月里锲而不舍地打电话询问。

虽然只是一个普通的工作岗位，它却成为任白俊常务在美国社会立足的重要契机。由于经常与同事们进行沟通，他的英语水平有了显著的提高；在其他同事的帮助下，他迅速地掌握了 Perl 语言编程；通过工作，有了 800 美元的月薪，他还解决了自己的学费问题，他和家人的生活也有了保障；此外，不断提升的英语能力和实务经验使他不用再担心找工作的问题。

后来，他还在朗讯科技公司和华尔街等地，与其他杰出的美国同事们展开激烈竞争，为了生存，努力奋斗了很长一段时间。然而，他时常会感到羞愧，觉得自己根本无法超越那些土生土长的本地人才。

在彷徨了一段时间之后，他选择了走"适合自己的路"。因为无论怎么努力，他的编程能力也始终无法超越那些天才同事。于是，他开始抽出原本投入技术方面的精力，转而去培养和发挥自己的领导力。他放弃了与同事们的竞争，努力尝试连接他们各自的长处。如果遇到了其他"聪明"的同事很容易忽略的问题，他也从不会马虎对待。

最终，他成为领导那些"聪明"同事们的团队领袖。以此为契机，他继续坚持走"适合自己的路"，不仅出版了多本图书，还积极参与社群活动。而通过这个过程培养出来的社群领导力，最终使他走到了三星电子智能实验室负责人的位置。

我们应该树立能够唤醒兴趣和意志的目标，以及与他人一同成长的善良意志，开展社群学习。我们需要积极培养自己的社群领导力，而不是采取被动的姿态。当到了需要解决温饱的时刻，就要靠长久以来学到的知识和培养出来的领导力，努力创造赚钱的机会。无论是选择就业、做兼职，还是自主创业，当用赚来的钱维持生活时，你就会自然而然地渴望学习更深层次的知识。将这种渴望化为动力，养成天天学习的习惯，再与他人一起学习，那么无论以后遇到任何困难，你都能愉快地克服过去。

你们知道我遇到社群领袖时，听他们说得最多的词是什么吗？是"兴趣""幸福"和"学习"。只要不断维持有趣、幸福的学习过程，就能结出成功的果实。而这个果实的甘甜滋味是世间其他任何事物都无法比拟的。

用社群领导力筹备聪明的辞职

说到辞职，想必每一位职场人士都考虑过这件事。但是，没有做好充分准备就草率辞职的人多半会后悔。考虑到这样的人，我想讲一讲金哲 Excel 专家的故事。

从仁川机场飞往海外的人，应该都见过飞机顺着机场跑道上的一连串小灯起起降降的场景。金哲就是专门管理这些跑道灯的一家中小企业的部长。

当大部分员工都专注于自己的业务时，他却对其他方面产生了兴趣。那就是 Excel 软件。说起 Excel 软件，想必大部分办公室员工都会简单地使用。不过，金哲并不满足于此，而是看得更远。他不断学习 Excel 知识，并开始考虑如何利用

Excel 软件有效管理数万只机场跑道灯的问题。在此期间，他在网上找到了一个 Excel 社群，在那里分享了大量的信息，最终成了这个社群的领导者。

由于经常在社群中分享自己学到的 Excel 知识，他的 Excel 实力飞快地增长——其他员工们需要一整天来做的工作，他往往只需要半天就能完成。如果换成其他人，很可能就会止步于此，金哲却不同。他开始思考其他行业的人会对 Excel 软件的哪种用途感兴趣。于是，他每个月都会抽出一天时间，为各行各样的人开设免费讲座，坚持了四五年。

在此期间，他还总结了自己学到的知识，以及在开办讲座的过程中领悟到的内容，出版了好几本 Excel 技术的相关图书。此后，他的知名度节节攀升，请他去授课的邀请函如雪片般涌来。而当他无法兼顾工作和授课这两件事情时，他果断向公司提出了辞呈。

"离开公司之前，我的心情十分忐忑。相信大家都有过这样的感受。即将失去铁饭碗，谁能不担心呢？然而，当我真正离开公司之后，我马上就后悔了。后悔自己为什么没有早一点辞职。我发现只要自己足够努力，外面的市场其实非常广阔，也遵循着多劳多得的规则。"

当然，金哲一直坚持通过社群领导力不断积累自己的知名度和实力，我们也务必要将这个因素考虑进去。在这样的前提下选择辞职，成为专业讲师，他很快就收获了惊人的成绩。这并非昙花一现的成果。他的讲座非常受欢迎，每年的销售额都在成倍增长，而他现在的收入也能轻松达到大型企业员工年薪的两三倍。由此可见，发挥社群领导力进行学习有着多么强大的力量。

要特别提到的是，他选择的 Excel 软件，目前正在不断添加各种富有创意的功能，所以应用前景也很值得期待。例如，如今的 Excel 软件能够通过一种名为 Power Query 的功能，轻松处理最近比较流行的大数据，同时还能轻易实现表格和图像的视觉化。

"即使是现在，一有时间，我也会为学生们开设免费讲座。不过，我发现地方大学的学生们考虑问题时常常脱离实际。他们普遍将所有的事情想得特别简单。相反地，首尔大学的学生们则习惯将问题想得太复杂，以至于不敢大胆地站出来。如果他们能够培养自己的社群领导力，比如多听听社群专家们的建议，或利用自己擅长的方面去帮助别人，说不定能够走得更快、更轻松。可惜他们不愿意做这样的尝试。"

曾经在大学攻读环境工程的金哲，如今却摇身一变成为 Excel 专家和大数据专家，并继续不断地成长着。最近，他因为蜂拥而至的授课邀请和写书的工作而忙得不可开交。他表示自己现在最大的愿望就是每周只工作 5 天。如同不断增长的销售额一样，他在社会上的影响力也迅速扩大。无论是有工作的时候，还是没工作的时候，只要不断磨炼自己的社群领导力，收入超过所谓"铁饭碗"也不是什么困难的事情。

在学习小组成员中
挑选可以一起共事的团队成员——
DAYLI Blockchain 李久焕副社长

　　MSN 前总裁、DAYLI Blockchain 公司现任副社长——李久焕先生也是通过社群领导力，完成华丽转身的人物之一。他曾在庆北大学和韩国科学技术院研究生院攻读数学，毕业后直接进入微软韩国分公司的开发部门。没过多久，他就转到营销部门；半年后，他又当上了 MSN 事业部的代表。可以说，通过 Hotmail 和 MSN 软件，奠定韩国网络服务基础的人便是李久焕。此外，他还担任过数字营销创新中心负责人、世宗大学兼职教授，以及现在的 DAYLI Blockchain 专家等职务。他并没有主修计算机科学或市场营销专业，却自学并掌握了信息化时代和第四次工业革命时代所需的知识，并不断尝试将其与商业领域接轨。那么，他的这种能力来源于哪里呢？

　　李久焕出生于韩国著名的香瓜产地——庆尚北道星州郡。

他从小就立志成为数学老师，并如愿以偿地考上了庆北大学数学教育专业。上了大学之后，他对数学的学习更加深入，兴趣也更加浓厚，所以又进入韩国科学技术院研究生院攻读了应用数学。

"在大学和研究生院时，我一直积极参与夜校活动。当时，有很多工厂女工因家境问题无法继续学习。所以每天晚上，我都会召集这些女工，给她们授课。"

大学毕业后，经一位前辈介绍，他进入微软公司工作。

"在微软的开发部门工作时，我看到了互联网的无限潜力。因此，我当时就希望将微软的网络服务引入韩国。"

尽管他此前从未接触过网络服务或相关的营销业务，但后来，他却成为网络服务部门的营销负责人。

"当时，我就像开设夜校时那样，召集了很多想要一起学习的人。不同的是，这次我并不是为了教别人，而是为了向别人学习。于是，我就召集了一些与互联网行业相关的营销负责人，创建了一个学习小组。"

虽说是学习小组，但他并没有将气氛搞得太过生硬。

"我们会一边聚餐，一边分享和讨论各自在书中读过的内容和在现实中遇到的问题。"

李久焕并不想在讨论时输给那些正在从事相关工作的人，于是就埋头苦读各种有关互联网业务和营销的专业书。

"就这样过了一段时间，我开始对互联网和数字营销产生了一些自己的见解，也渐渐有了对这一领域的自信。"

对于这种出色的人才，微软怎么会视而不见？于是，直接将 MSN 韩国事业部交给李久焕负责。由 7 名员工起步的 MSN 韩国事业部，因为 MSN 综合网站和 MSN 通信软件的爆发性增长，后来不得不又聘用了数十名员工。

"在招聘过程中，学习小组也起到了巨大的作用。因为我可以将曾经一起学习的学习小组成员都一一招揽过来。这么多年一起参与学习小组，没有人比我更了解他们的人品、实力、团队默契等方面的能力了。"

但凡选拔过要一起共事的员工或进行过招聘面试的人都明白，想要在短暂的面试期间，从相差无几的简历表中挑选出满意的人才是一件多么困难的事情。正是因为能在短时间内招到大量的人才，MSN事业部才能在之后的几年里一直保持巅峰状态。

除此之外，李久焕首席信息官（Chief Information Officer，CIO）还不断召集业界拥有相同苦恼的人，建立了各种学习小组，而互联网行业高管群"大南"（Daum、Naver、Yahoo、MSN）便是其中之一。他从这个小组中收集各种创意，创建了Purple Friends移动营销研究所。后来，他还主持移动营销会议，也出版了一些书。此外，他也通过开创MMC月刊论坛等方式，不断培养自己对移动生态环境的敏锐嗅觉。最终，这些努力对他扩大自己的业务外延，成为数字营销创新中心负责人、兼职教授等，都提供了极大的帮助。

出于好奇心而接触的区块链知识，起初也是源于学习小组。如今，学习小组的规模已经发展壮大，能够直接策划、运营容纳数百人的会议。后来，他出色的社群领导力又给他带来一次机会，那就是在韩国区块链专业公司DAYLI Blockchain中，以CIO的身份负责第四次工业革命的集合体——智能城市项目。

李久焕一边想象着新技术和它将会改变的商业环境，一边不断灵活地改变着自己。在这期间，他充分发挥自己的社群领导力，召集想要学习新知识的人，组建了一个又一个学习小组。在高新技术日新月异，技术革命屡见不鲜的当下，李久焕那如同变色龙般的应变能力无疑是我们最需要学习和掌握的。

李久焕副社长的
社群学习
成功秘诀

一起学习时建立的关系网的力量是无穷的

一直以来，李久焕都将带动自己和共同体一同成长的社群摆在最核心的位置上。这是因为他在与大家一起学习时建立的人脉，为他纵横各个领域、成长为公司的高层管理者提供了极大的帮助。

"我在与大家一起学习时建立的人脉具有十分强大的力量。因为在一起学习或策划、参加会议时，我经常会遇到一些相关行业的领军人物。我和他们建立的关系，总能为我提供很大的帮助。"

如果他当初只靠同校之谊、同乡之情建立和维持人脉，那么当他转战新技术和新领域时，一定不会像现在这样轻松。要知道，在公司担任高管，相较于个人能力，如何组建和带领一个拥护他、信任他的事业团队，才是走向成功的关键。而社群领导力不仅是团队领袖需要具备的能力，也是公司管理层所必须具备的能力。事实上，我也曾在李久焕运营的网络营销小组中待过好几年，正是由于在小组中与他建立的关系，我后来才能加入微软 Online 团队。而这也证明了一起学习时建立的人脉力量的强大之处。

只要是感兴趣的，任何方面的知识都值得学习

如果看过李久焕的履历，你就会发现，他一直都在学习
新的技术和信息。除了与自己的工作有关的知识，对于
其他一切感兴趣的领域，他都会阅读相关书籍，同时接
触与这个领域有关的人，并建立人脉。例如，他会参加
相关会议；如果有必要，他也会直接策划、举办这种会议。
而这样的热情，如果没有对相关知识产生的好奇心，是
很难激发出来的。

"通过社群，听到有关某个领域先驱的故事，我心中自然
而然就会生出想要学习和了解那个领域的念头，而这也是
我能够不断成长的动力。"

人们都说，好奇心强的人不会老。一个人的年龄其实并不
重要。不论男女老少，我们都应该发掘自己的好奇心，同
时保持"活到老，学到老"的心态。

只有抱着单纯奉献的心态，你才能长久持续下去

李久焕一直都是通过社群学习持续成长的。如同他长期的
履历一样，他对社群也有着很深的见解，也有一些话想要
嘱咐大家：

"社群里聚集的人多了，肯定会有一些抱着寻求投资等商
业目的而意图利用聚会的影响力的人。如此一来，免不了

会有人受骗或遭受一些损失。因此，在运营或参与学习小组的聚会时，我们必须抱着完全奉献的心态。只有彼此怀着善意，为了共同的成长而相聚在一起，我们才能实现自己最初的目标。"

在这样的聚会中进行奉献最好的方法是，先一步学习更多的知识，然后再分享给别人。想要分享更多新知识，就必须不懈地学习。只要抱着这样的心态去学习和分享知识，我们就能获得好的评价。如此一来，积累大量好评和拥有良好人脉的人自然而然就会遇到更多的机会。

第六章

社群领导力贴心指南

COMMUNITY LEADERSHIP

甚至知道一个生命活得自在，

因为你的一路走来……

这就是成功的内涵。

社群学习
发展蓝图

社群学习的出发点是我们自己

在前文中，我们讲解了要重视社群领导力的理由，以及当今时代和未来社会所需人才的特征。那么，我们该如何实践社群领导力呢？在实践过程中，有没有什么诀窍呢？

事实上，很多人早就在自己的领域中本能地实践着社群领导力。而接下来，我会将他们的经验和他们在处理业务的过程中领悟到的一些诀窍分享给大家。

希望大家能够通过接下来的内容，找到最适合自己的社群领导力学习方法，进而循序渐进、持之以恒地实践下去。只要大家能坚持实践，一定会有新的发现。而在积累了一定的经验之后，就会建立自信。当积累下来的诀窍、经验和自信达到一定的程度时，自然会引领大家去接受更大的挑战。经过一次又一次的挑战，大家就能获得可以在这个世界乘风破浪、勇往直前的力量。那么，让我们抱着这样的信念，仔细地观察一下下面的社群领导力发展蓝图吧。

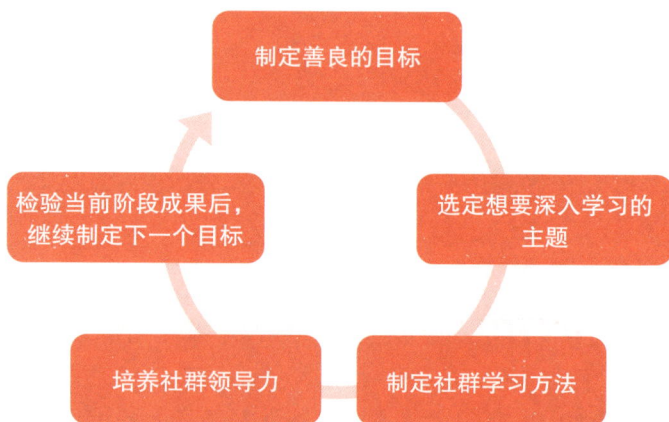

制定善良的目标

选定想要深入学习的主题

制定社群学习方法

培养社群领导力

检验当前阶段成果后，继续制定下一个目标

社群领导力发展蓝图

这份社群领导力发展蓝图是我根据众多社群领袖的成功案例总结出来的。当然，有些案例与这份社群领导力发展蓝图并不完全一致，但大致的走向是差不多的。

社群学习并不是我们所熟悉的按照学制走的学习方式，即不是"小学→初中→高中→大学→研究生院（硕士、博士）"等遵循别人事先制定好的路线进行的学习方式，也不存在别人制定好的路线或框架。社群学习的出发点是我们自己，即源于自己的兴趣、意志、目标的学习方式。

应该制定什么样的目标？

如果找不出特别感兴趣或值得设为目标的领域，该怎么办呢？相信大部分习惯了为实现别人给自己制定的目标而活着的人都会有这样的疑惑。如果你为了应付父母和学校制定的无数目标和考试，一直都在老老实实地埋头学习别人给你设定好的知识，那么你应该先好好反思一下。此外，因陷入消费主义的陷阱而树立的目标，我们也要仔细反思一下——高档公寓、豪华汽车、旅游胜地、苗条的身材以及美食等各种媒体和商业策略制定出来的目标，真的是我想实现的目标吗？还是那些通过兜售欲望来敛财的商家有意无意灌输给我的目标呢？下面这个在高丽大学匿名留言板上流传的学生故事是什么情况呢？这样的故事真的只发生在那位学生一个人身上吗？

"我很痛苦。我的学分很高，参加过不少校外活动，还有很多资格证，资历也算拿得出手。但是，这些没有一个是我自己真正想做的。它们都是因为我嫉妒某些人，为了超越他们而做的。看到别人取得了某些资格证，我往往会为了超越他而考取更高级别的资格证。但即使超越了他，也还有另一个人走在我的前面；而超越了这个人，也依然有其他人比我先行一步。我早就受够了这样的事情，但始终无法接受有人比我更强的事实。我很害怕如果承认这个事实，以后就不会有人再认可我。"

在写这本书的期间，我曾与位于微软总部的所属团队负责人通过电话。得知我写书的主题之后，他特别兴奋，跟我整整聊了一个多小时。事实上，我们团队的负责人曾经跳槽到脸书，一年前又重新回到微软。据说，他以前在微软的时候，曾与三星有过多次合作。可能是因为这个缘故，他每次跟我打招呼时，都会用韩语说"你好"。作为两个十几岁孩子的父亲，他告诉我：

"小瑛，你知道我跟比尔·盖茨，还有脸书的马克·扎克伯格共事后，感受最深的一件事情是什么吗？那就是他们来公司绝对不是为了工作，而是为了与别人一起实现自己感兴趣的事情和自己觉得有意义的事情。他们是为此而生的，今后也会一直如此，但他们依然积累了最高水平的能力和知识。因此，我从不要求自己的孩子去学习什么知识、选择什么职业。在真正做出决定之前，我会给他们充分的机会，让他们好好去看一看这个世界，积累各种阅历。等到他们做出了选择的时候，我就会告诉他们要竭尽全力去做好这件事情。"

与他人一起成长

虽然我遇到过的社群领袖还没有一个人能达到比尔·盖茨或马克·扎克伯格的高度，但他们那种发自内心的目标意识十分明确。一种是遵循自己的意愿去学习，一种是为了入学考试、为了与别人竞争、因为耐不住父母的威逼利诱而学习，这两者所产生的成就感可谓是天壤之别。韩国第一位定义和传播"自主学习"理论、出版相关图书的崇实大学金攀寿教授表示：

"为了研究，我调查过很多学生。我发现，有幸福感的孩子们注意力更集中，人际关系也发展得更好。另外，他们的自主性更高，学习成绩也更好。"

如果你能够树立让自己感到幸福的目标，那么，哪怕花费更多的时间，我们也要将这个目标进行"升华"，即不要让目标仅限于自己一个人身上。我更希望大家能够树立与志趣相投或志同道合的人一起成长的目标，即要具备善良的意志。如此一来，社群学习和培养社群领导力的效果就会更加显著。

因为从未想过要独自功成名就，所以跟别人一起学习的时间越长，实力和领导力就越能得到提高。此外，大家还能拥有幸福、长久的学习环境。正因如此，在社群领导力发展蓝图中，我才会将纯粹的内心深处的目标和想要与他人共同成长的善良意志——"制定善良的目标"放在首位。

列出想要深入
学习的主题

大家的梦想是什么?

"微软相信人类有无限的潜力。我们的使命是予力全球每一人、每一组织,成就不凡。"

在首次与微软全球员工们见面的 MS Ready 活动上,新上任的萨提亚·纳德拉总裁与员工们分享了微软的新使命。当比尔·盖茨和史蒂夫·鲍尔默刚刚创立微软时,它的使命是"让每一个家庭都有一台电脑"。萨提亚·纳德拉总裁认为,微软在实现这个目标后,一直都没有新的梦想,所以才会一度陷入彷徨。这也是他提出新使命的原因。当时代表微软韩国分公司参加这场活动的李成艳理事告诉我:

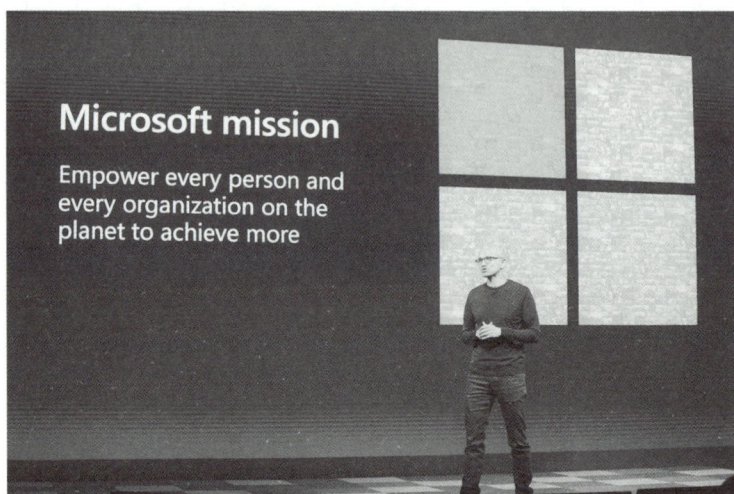

在活动中，给大家讲述微软的新使命的萨提亚·纳德拉总裁

　　"当时，萨提亚总裁解释完提出这一使命的原因之后，就陷入了沉默。在场的近两万名微软员工都屏着呼吸，等待他再次开口。仿佛永恒般的寂静不知持续了多久，在萨提亚总裁背后的巨大荧幕上，一个地球的图像和萨提亚总裁的身影缓缓地重叠在了一起。片刻之后，萨提亚总裁说出了自己的梦想。他说自己有一个残疾孩子，而他的梦想则是能够让孩子用自己制作出来的程序克服残疾，实现更多的成就。他还说，全球无数像他孩子一样的残疾人，也能够通过微软的帮助获得更多的成就。他表示自己很幸福，因为自己的梦想和公司的使命不谋而合。望着屏息凝神聆听发言的我们，他问道：'各位的梦想是

什么？'说实话，之前在微软工作时，我从未想过自己的使命是什么。但是自从我有过那次感动之后，这一使命便始终伴随在我身旁。"

树立善良的目标

　　三星 SDS 公司前总裁高淳瞳在刚刚就任微软韩国分公司总裁时，与韩国的员工们进行了一场会面。当时，微软公司的前途渺茫，而韩国分公司更是到了生死存亡的关头。由于上一任总裁过度重视业绩成果，导致公司卷入非法营销，牵连其中的员工不计其数。换句话说，微软韩国分公司在市场上的信誉已经跌到了谷底。

　　在这种情况下，拥有出色资历的高淳瞳总裁其实没必要自讨苦吃，蹚这趟浑水。而他之所以宁愿承受这一切也要加入微软，完全是因为萨提亚·纳德拉总裁上任后制定的使命打动了他。由此可见，善良的目标具有一种吸引其他善良人才的力量。

　　当然，如果只为了社群学习，我们没有必要每次都树立这样伟大的目标。只要树立一个如爱默生在诗中所说的那样的，能让这个世界变得更好或者能让一个人变得幸福的目标，这就足够了。

成功是什么？

笑口常开；
赢得智者的尊敬，
孩子们的爱戴；

赢得真诚的认可，
容忍损友的背叛；

欣赏美好的事物，
发现别人的可爱。

学会无私地奉献，
给世界增添光彩：
要么培育出健康的孩子，
要么留下花园一块，
抑或是改善社会条件；
尽情娱乐、笑得畅快，
把欢乐的歌唱起来；
甚至知道一个生命活得自在，
因为你的一路走来……

这就是成功的内涵。

　　不过，目标必须是舍己为人的吗？正如之前所说，学习必须以自己的兴趣和意志为出发点。如果是自己感兴趣的学习，即使没有人逼迫，我们也能长久地坚持下去。或者，虽然不是感兴趣的，却能够激发我们想要一探究竟的意志，这样的领域也是值得去学习的。例如，心里萌生了"听说未来编码能力很重要，我是不是也应该学一下"的想法，也是我们意志的体现；在工作中，发现自己缺乏某方面的知识，想要学习或考取相关资格证等，也是我们意志的体现。如果现阶段还是学生，就可以在众多课程中，选一门自己特别感兴趣的领域深入学习。即便是文科生，如果在听完城市设计概论课后产生了对未来城市的好奇心，那么也可以深入学习这一领域的知识。如果暂时没有这样的目标，或者自己也不知道有没有，那么，我建议你到书店里逛一逛。在浏览书架上陈列的各种书籍时，说不定你就会突然发现特别吸引自己的主题。

　　当有了吸引你的领域，产生了想要深入学习的冲动时，你需要在这个基础上进一步"升华"——你要有自己先学习，再与别人分享的想法。

　　例如，"学习编码后，既可以教自己的孩子，也可以分享给其他想要学习编码的人""既然要考资格证，为什么不跟需要这方面知识的其他同事分享呢？就在午休时间组织一次小型研讨会吧""读完有关未来城市的书之后，我得将自己学到的知识进行整理，再上传到博客或 YouTube 上，说不定这些内容能够给别人提供一些帮助"等。

总之，树立善良的目标，能够帮助我们建立对学习有益的人脉；同时，这些人产生的积极能量也许能让我们拥有更高层次的目标。

设定值得"深挖"的主题

树立目标后，就该探索具体的学习主题了。相信在树立目标之时，大家就已经了解过一些与自己的学习目标相匹配的，或感兴趣而想要深入学习的领域。总之，目标确定后，我们就很容易确定自己想要深入学习的主题。不过，在决定主题时，我们需要注意以下事项：

第一，要始终对学习充满热情，保持好奇心。社群学习的主题可以根据好奇心的变化或其他情况进行调整。例如，当你制定学习编码的目标并学习了一段时间后，你会发现编码也分很多种类。这时，你可以选择最符合自己目标的主题深入学习，也可以先花一段时间学习整体内容，再选择适合自己的主题深入学习。如果抱着纯粹的热情进行学习，好奇心就会层出不穷。而重要的是能够抓住这些自然产生的好奇心和疑问，坚持到底。

第二，制定一个能够增强自己的个性、阅历及知识储备的学习主题。虽然不断钻研自己的专业，成为世界公认的一流学者或实力派人物固然很好，但这条路非常艰难，也非常有局限性。相比之下，我们更应该以自己的长处为出发点，寻找能够强化自己长处的主题。

假设一个人因分数的关系，选择了自己不喜欢的经济学专业。由于是自己不喜欢的专业，他在学习方面肯定会懈怠，最终导致成绩比较差。但相较于其他专业的学生，他在经济学原理、微观经济、宏观经济等经济常识方面的知识储备肯定更加丰富。在这个基础上，如果他再学习软件编程，然后打算开发一款面向普通人分享经济学知识的 APP，会如何呢？修过经济学或软件编程的人肯定很多，但两样都精通的人却很少，而真正将它们结合起来开发出某项服务的人则少之又少。因此，只要以这种方式编织知识网，我们就可以拥有一项自己特有的能力。

第三，学习的最终目的在于提高对人的理解。即使拥有出色的技术和实力，如果没有对人的理解，也很难取得卓越的成就。假设一个人学习编程和经济学知识，积累了一定的实力。而接下来，他要学习的主题是经营学、心理学或古典学等能提高对人的理解度的知识，而且最好是一边培养社群领导力，一边进行学习。毕竟想要了解人就得多接触人。

最后，我想再讲一点。正如我们之前所看到的那样，因为人工智能和智能机器人的出现，我们的社会结构正处于急剧变化的旋涡之中。这一点让我想起当初自己虽然读的是英语专业，但最终为了躲避金融危机的寒流而向互联网靠拢的经历。当时，谁也没有想到互联网会对我们的生活产生如此大的影响。但那些敏锐地察觉到未来动向，因而学习相关知识，为此做准备的人比没有做好准备的人获得了更大的成就，过着一种主导变化的生活。

　　其实，自己现在在做什么工作并不重要。正如互联网和移动技术改变了我们的生活，第四次工业革命同样会引发这样的变化。因此，我希望大家在制定学习目标时，最好能够涉及有关"未来技术"的领域。对于那些毫无察觉的人来说，变化是一种灾难；但对于有准备的人来说，变化则是一个绝佳的机会。

如何寻找 & 建立
最适合自己的社群

根据自己的个性找到适合的学习方法

　　如果确定了善良的目标和想要学习的主题，接下来我们就应该寻找适合自己的社群。由于社群的种类繁多，所以我们必须事先考虑好自身的情况或个性。在下面的表格中，我将社群学习分为内向型社群学习和外向型社群学习。当然，也有的人会选择两者相结合，或根据具体情况选择其中的一项。

　　比如，我的性格就不算内向，但由于需要照看孩子，所以很难参加周末或晚上开设的线下集体社群活动。因此，我只能通过在博客或脸书上上传自己掌握的或是新学的知识来开展社群活动。因为这种活动在时间方面非常自由。后来，孩子们长大了，变得独立，而我的工作也趋于稳定，我就决定开始写作。虽然之前因为工作的关系，我见过的人很多，但自从开始写作之后，我遇到了更多的人，而且对话的主题更有深度，对话的内容也更丰富。所以，写作并不一定就是内向型的活动。

社群学习实例	
性格内向型	· 翻译专业书籍 · 在博客上撰写文章或专栏 · 写作 · 回复"知识人"、技术论坛上的提问 · 在推特、脸书上开展社交活动
性格外向型	· 参加脸书、论坛的线下团体活动 · YouTube 直播 · 研讨会演讲 · 学习小组活动 · APP 开发、Make 活动

看到上述社群学习实例，有些人或许会感到疑惑。因为一提到学习某些东西，就得找一个能教授知识的人或地方，但是哪怕擦亮眼睛也找不到预想中的"××学院""××教育机构""××大学"。当然，我并不是说不要到这些地方去学习，而是说，社群学习其实是以我们自己为主体去学习某些知识。

在进行社群学习的过程中，我们必然会发现自己的不足之处。例如，虽然我之前制定了写作的目标，还决定以社群领导力为主题，但真正动笔时，我却不知道该从哪里入手。于是，我访问众多写作社群，找到那些出过不少书的专家们当面请教，还向出版社编辑寻求有关出书方面的指点。但即便如此，我也依然觉得写书是一件非常困难的事情。除了向别人请教，我还搜集了很多创作所需的参考文献，阅读了很多与写作有关的内容。此外，我还采访了相关领域的专家，收集了很多写作资料。像这样，社群学习的过程虽然很艰辛，但它的力量却很强大。我们会收获很多通过被动学习难以获得的东西。

如果在时间和物质上足够宽裕，我们也可以尝试一下外向型的社群学习。相较于内向型的活动，外向型的活动能让我们接触到更多人，也更容易建立牢固的人脉。

如何寻找适合自己的社群

一开始，我们可以先确定自己想找的社群关键词，在网上进行搜索。这时，我们可以根据不同的年龄段、主题、地区等特点选择不同的平台。例如，二三十岁的年轻人比较喜欢用Somoim（韩国的一款聚会APP）、Frientrip等社群APP，或是Instagram、脸书、Kakao Talk公开聊天室等软件。但对于四十岁左右的中年人来说，会更倾向通过论坛跟帖或者群这种虚拟社交的形式加入社群。另外，在韩国国内名声不响，但在国外比较流行的Meetup也是一个非常不错的平台。不过，最好的社群当然是汇集了不同年龄段的人，从而可以交流各种经验的地方。这一点值得考虑。

　　除了在社交平台寻找符合主题的社群，我们还可以通过社群领袖寻找社群。

　　在博客或社交媒体上发布自己的学习主题和内容时，我们一定会浏览到别人写的文章、书籍或讲座。如此一来，我们就能了解或遇到某个精通该主题的社群领袖。他们当中有些是为了自己的业绩卖弄知识的商人，但也有一些是抱着善良的目的，为了满足自己和别人的求知欲而努力的社群领袖。而经常光顾他们运营的论坛、博客、社交 APP 等，也是一个很好的方法。因为哪里有好的社群领袖，哪里就往往聚集着很多好的社群成员。

　　如果想要学习 IT 技术的相关知识，大家也可以灵活地利用微软、谷歌、亚马逊、脸书、NAVER、Kakao Talk 等 IT 企业提供的社群。为了能够让更多的社群利用和改善自己公司的技术，它们往往会提供各种福利。例如，每周都会举办大大小小的研讨会、学习小组，以及各种开源社群活动。

　　在加入某个特定的技术社群之前，可以先浏览一下其他各种技术的相关社群。当你有了"世上居然有这么多人正在孜孜不倦地学习"这种感慨时，你看待学习的心态就会发生改变。

　　另外，通过朋友加入社群也不失为一种好办法。在独自加入陌生的社群时，有些人会因为尴尬和拘束而无法对学习产生兴趣，最终只能无奈地退出。但如果能和朋友一起参加社群，那么哪怕在尴尬和陌生的氛围中，也能相对轻易地敞开心扉。如此一来，我们就可以从容地观察当前的社群是否适合自己。找找身边已经加入了社群的朋友，和他们一起参与社群活动吧。

除此之外，我们也可以在自家附近或公司附近寻找社群。例如，板桥 AI 开发者群、光华门数码营销专家群等，大家在自己的实际生活圈内寻找适合自己的社群吧。即使社群再好，但如果离自己的实际生活圈太远，就很难经常参与和维持社群活动。

如果找到了符合自己的地区、兴趣、年龄等特点的社群，我们至少要参加两三次该社群举办的活动。尤其要了解清楚社群成员的性格、聚会频率、社群的目标等情况之后，再判断是否符合自己的性格。

除了加入已有的社群，我们还可以自己建立、运营新的社群，尤其是当自己想要学习的知识属于比较陌生的领域的时候。如果还有其他想要一起学习的"同好"，就可以先组建一个学习小组；或者，在脸书上创建一个群，再召集社群成员。对于那些想要研究高水准的 IT 领域的人，我则推荐加入"所有人的研究所"。在这里，你只要提出自己想要研究的主题，其他感兴趣的研究人员就会申请与你一起进行研究。而且这里有很多高水平的研究员，你也可以找一些对社群学习有独到见解的人寻求指点。

如果自己创建和运营社群，就有可能成为运营者并且肩负着社群的命运，所以需要付出更多的努力和心血。这种方法的优点是能够让自己学到更多的知识。不过，如果觉得负担太重，也可以考虑最近比较流行的付费社群。2019 年，运营线上读书会的社群 Trevari，其增长潜力得到了认可，从银软风投公司获得 50 亿韩元的投资，进而引发了热议。事实上，除了 Trevari 以外，我们身边还有很多其他读书社群可供利用。

成人实务教育领军企业极速校园（FastCampus）的学习社群也是一个不错的备选方案。在极速校园中，会有企业的在职员工给大家讲解进入公司后遇到的各种问题，或传授就业、跳槽时所需的知识。极速校园自 2014 年创立以来，每年都以两倍的成长速度迅速扩张。目前，它不但创下年销售额超过 200亿韩元的纪录，累计授课人数也达到了 12 万人。

极速校园甚至制定了替代大学和研究生院的长期目标。高度认可它成长潜力的 7 家高科技风险投资公司还追加投资了 100 亿韩元，以加快它扩张的步伐。挑选自己想要学习的主题听课，并作为极速校园的会员，积极参加它开设的学习小组或研讨会，也可以当作社群学习的一个环节。

事实上，所有的学习方法都存在优缺点。因此，我们没必要一开始就执着于特定的学习方法，而应该根据具体情况和自己的性格灵活地采用各种不同学习方法。进行社群学习最重要的是坚持，而不是具体的学习方法。与其盲目地效仿别人一窝蜂地上 YouTube，不如先冷静地分析一下各种方法的优缺点，再作决定比较好。

培养社群领导力

当今时代的人才

　　如果确定了善良的目标和想要学习的主题，以及最适合自己的社群学习方法，我们就要一边进行社群学习，一边积累社群领导力。正如之前多次强调过的那样，只是被动地接受社群中其他人分享的知识，是无法培养出自己想要的实力的。因此，我们必须发挥领导力，努力成为对社群有益的人。只有这样，才能磨炼自己的人品，成为符合当今时代人才标准的人。

　　诺贝尔经济学奖获得者美国人詹姆斯·赫克曼曾经说过："相比头脑聪明和学习好的人，拥有软实力的人，即人品更好的人获得成功的概率更高。"他还表示，起初那些聪明的人或许更受欢迎，但最终，还是那些热心肠的人更容易成功。因为将学到的知识应用到实践中的机会与他所拥有的人脉多少成正比，而如果没有一个好的人品，一个人是绝对无法构建庞大的人脉的。

内向型的社群学习需要独自学习的时候较多，所以在磨炼社群领导力的方面存在一定的局限性。但对于个人积累"内功"来说，它也有一定的好处。不懂得深思熟虑的领导力很容易被瓦解。因此，如果通过内向型社群学习积累了一定的"内功"，接下来就应该通过外向型社群学习与外界进行沟通，同时学习了解人性。

凡是领导过别人的人都清楚，领导别人并不是一件容易的事情。但是只要遵循了社群领导力蓝图的人，则完全不用担心这些事情。因为你的出发点是善良的意志和想要与别人一同成长的善良的目标，而这样的目标会像磁铁一样吸引其他拥有善良的意志和目标的人。因为他们散发出来的积极能量，就能体会到与人相处的快乐。当你向这些社群成员们分享自己习得的知识时，产生的自豪感和喜悦会引发出一种能将你引向主动学习的强大动力。而这种动力会带来一种积极的效果，帮助你继续探索知识的海洋。此外，当你抱着奉献的心，尽心尽力地照顾社群时，就会培养出良好的人性和品格。

利用社群活动的方法

当制定了好的目标，召集了充满热情的初期成员后，你就可以逐渐扩大社群的规模了。哪怕社群成员再优秀，如果不能吸收新的成员，与原有成员良好地结合在一起，社群终究会遭遇成长的瓶颈。遇到这种情况时，可以尝试举办一个邀请外部人士的社群活动，即使这些活动的规模并不大。

它们通常类似于社群成员各自发表自己所学内容的研讨会。而向社群成员以外的更多听众发表演讲这件事就足以激发社群成员们的积极性。另外，在一起制定目标，并为了活动的成功举办而各自付出努力的过程中，社群成员们的领导力也会迅速增长。

那么，想要成功地举办社群活动，我们应该考虑哪些方面呢？开源编程语言中有一种叫作 Django 的 Web 应用框架。而在众多 Django 社群中，有一个专门面向女性开发者创建的全球知名社群，它的名字叫作 Django Girls。正如大部分开源软件社群一样，Django Girls 同样属于非营利组织，只靠自发性的赞助和志愿者们的努力维持着运营。Django Girls 建立的初衷是帮助那些不熟悉编程的女性，以开设进修班（时间大多为1天）的方式，降低技术壁垒。目前在韩国，Django Girls 也在借助志愿者们的努力积极开展着各种活动。

不久前进入我们部门的夏现珠科长就常年在 Django Girls

担任志愿经营者，并积累了较强的社群领导力。作为一名合格的社群领袖，学习已然成为她的一种习惯。她的身上有很多值得我学习的地方。下面是她分享的成功举办社群活动的诀窍：

活动策划	·制定明确的策划目标（以谁为对象、为了什么目的、举办何种活动） ·预测活动结果（具体目标、社群成员们普遍赞同的成功标准）
活动筹备	·计划（具体节目安排、寻找场地、召集演讲者、制定预算方案及管理预算等） ·分配工作（根据具体事项，分配每一名社群成员的工作） ·举办活动（为了防止有人缺席，提前通知到位；检查活动场地、准备演讲资料）
活动结束后	·共享演讲资料（通过之前交换的电子邮箱或其他联系方式共享演讲资料） ·收集活动后记等反馈（通过问卷调查，收集反馈信息，思考改善方案）

成功的活动流程

"即使是规模不大的活动，也有很多需要考虑的地方。其中最重要的一项，我认为是设定明确的策划目标。参与活动准备过程的人员越多，他们是否很好地了解活动策划目标就越重要。因为它决定了所有的细节。以谁为对象、为了什么目的、举办何种活动？只要社群成员们能达成一致的意见，其他的事情都不是什么大问题。"

不要小看社群活动，只要具备上述的形式，并不断收集反馈信息，改善不足之处，就能够发展出既有实力又有规模的社群。

国外的 Ubuntu、Python、OpenStack 等社群都是通过活跃的社群活动发展到如今的规模。这些开源社群保持着非营利的性质，还能发展为全球化规模的社群，这真是令人惊叹。说不定正是这些社群的影响推动了微软的变化。毕竟微软送走了将开源软件视为"癌症"的史蒂夫·鲍尔默，请来了一再强调"微软爱开源"的萨提亚·纳德拉。

如果大家有时间，可以参加一下每年 8 月 15 日左右在韩国国际会展中心举行的为期 2—3 天的 Python 社群的 PyCon 活动。这项活动的规模比任何大企业主办的活动都要盛大，而且这些自发性的社群领袖们所散发出来的能量也非常大。我相信，只要体验一下这种氛围，你就会认可社群领导力的潜力。

有趣的是，想要成为 PyCon 活动的志愿者或演讲者，必须支付一定的费用。但即便如此，想要参加的志愿者依然很多。这也意味着很多人都知道体验社群领导力是多么有价值。当然，这些钱将会用于举办更好的社群活动。

运营健康社群的方法

随着时间的流逝，一个好的社群会自然而然地不断扩大规模。但这样一来，初期成员们一直共享和实践的善良目标有可能会被渐渐淡化。即使是再好的社群，如果社群成员之间不能共享相互帮助的善良目标，成员的结构划分为只会付出的人和只知道接受的人，社群就无法长久存在下去。除非社群领袖的度量足够大，或这种领导力受到社会的认可，那就另当别论了。

像微软 MVP 项目一样，能够认可胸襟开阔的社群领袖的热情和奉献精神并给予官方奖励的项目，能让社群获得动力，维持更久。另外，如果认可拥有奉献精神的社群领导力，并将其视为招聘条件的公司逐渐变多，说不定会有越来越多的领导者被发掘出来。如果学校不再只执着于学生的考试成绩，而是能够重视孩子们想要与别人一同成长的热情和奉献精神，父母也将不会再无视孩子的梦想，或坚持成绩至上的观念。如果能迎来这样的社会环境，说不定将韩国比作"地狱"的说法就会成为历史，而韩国的竞争力也将得到进一步提高。

但是，目前在韩国运营健康的社群、通过社群培养社群领导力的环境还不成熟，所以需要每一个社群主体付出细致的努力。

首先，我们要一起规划好社群的蓝图，各自分担具体的职责。例如，当大家以彼此都不太了解的领域为主题组建学习小组时，可以先将整个知识体系分为多个部分，然后由成员们各自负责整理和分享不同部分的知识。曾通过这种社群学习方式掌握多个领域知识的微软金圣美理事告诉我们：

"在划分知识体系范围的时候，自己可以先选择想要学习的部分。这样，我们就会产生这个部分的知识是'由我负责'的责任感，而责任感会对最终结果产生很大的影响。有了责任感，我们就会更加专注地投入学习当中，并主动分享自己的知识，从而获得头脑和心灵的学习效果。"

如果是规模较大的社群，各自分担的职责要更加细化。但只要社群成员们各自背负起属于自己的责任，团结合作，就能够发展出所有成员都具备责任感的健康社群。

其次，有必要制定所有社群成员都要遵守的规则。它既可以是行为准则，也可以是根据社群的性质与社群成员们共同协商制定的社群规定。作为参考，我给大家介绍一下由一些在职营销人员参与、运营的学习社群——"无名社群"的规则：

• 本社群不重视年龄和资历。在这里，不管年龄大小，都要做到相互尊重。

- 如果缺席两次社群活动，将会被强制开除。社群是学期制，并有暑假和寒假。
- 各自筛选出对他人有帮助的主题，经过与社群成员们的讨论，最终选定为学习主题。
- 小组学习包含 20 分钟的演讲和 30 分钟的讨论。希望大家认真聆听演讲，踊跃参与讨论。

当社群规模扩大到数百、数千人时，就有必要进一步完善规则。因为这些人当中哪怕只有几个人抱有恶意，原本健康的社群也会在一夜间分崩离析。包括微软的 MVP 项目在内，每个大型社群都拥有各自的行为准则，而且要求成员们严格执行。如果有确凿的证据证明某个人违反了行为准则，社群领袖会毫不留情地将其开除。

最近，我有机会一睹 Python 的社群活动 PyCon 的行为准则。这套行为准则打破了原本死板的偏见，它不但通俗易懂，还体现了社群的包容性。如果大家想要制定社群行为准则，可以参考一下 PyCon 的行为准则。由于篇幅所限，这里只做简单的介绍：

- PyCon 韩国包容所有的参与者，并坚信尊重多样性是令社会和社群变得丰饶的源泉。
- PyCon 韩国不容忍任何的骚扰或歧视。当发生侵害其他参与者安全或歧视他人的事情时，我们有权进行仲裁或制裁。

- 此行为准则适用于相关活动的所有情况和所有参与者，包括演讲者、合作伙伴、赞助商、志愿者、准备委员会等。

- 请营造出欢迎的氛围。所有的参与者，无论背景如何，都应该受到欢迎。

- 请拿出你的勇气。即使你喜欢安静地聆听或观看也没有关系。但如果想参与讨论，又拿不出勇气，那么请你这样想一下，在你旁边相互交流的人们很有可能也是初次见面。

- 请积极地做出回应。请亲切地回答别人的提问。说不定为了向你搭话，对方鼓起了极大的勇气。

- 请维护安全的 PyCon 韩国。请你对自己的言行负责。

- 请大家多进行交流。在开放的空间，大家要一起进行讨论。请时刻记住他人的意见和自己的意见同样重要。

- 请进行有建设性的讨论。我们有着不同的背景和知识，在意见上有分歧是很正常的，但批评和谴责是不同的。建设性的批评有助于社群和社群成员们的发展，但禁止以诋毁和伤害别人为目的的谴责行为。

除此之外，PyCon 韩国还考虑到各种情况，制定了非常详细的行为准则。由于每个人的性格和个性都不相同，所以无论是社群学习方法，还是积累社群领导力的方法都有所不同。但无论选择哪种方式，最重要的首先是要适合自己，然后要持之以恒。当然，我们还要以开放的心态，接纳其他不同的人。

检验当前阶段的成果后，
设定下一个目标

找出工作和生活之间的平衡点

过犹不及，适度，平衡。

若要说我投身 IT 行业 20 余年，至今都没有疲惫的理由，就在于我一直坚守这一原则，30 岁出头的我刚刚结婚后就进入微软公司工作。可能是由于之前一直都在初创企业没日没夜工作的关系，即便进入微软后，我也依然像推土机一样不知疲惫地工作着。

直到有一天，来自总公司人事部的一位年轻女员工，为我们部门举办了一场可以自由讨论的聚会，而主题就是"工作与生活之间的平衡"。韩国最近才开始讨论的社会问题，微软总部早在 15 年前就一直将其作为话题。

不过在当时，包括我在内的大多数员工都不以为然。我当时想：即便争分夺秒也有可能落后于别人的时候，如果不是闲得没事干，怎么可能举办如此无聊的聚会呢？但现在，我十分清楚，如果不能在工作和生活之间找到平衡点，我们随时都可能崩溃……

培养社群领导力也是同样的道理。即使效果再好，我们也要考虑好平衡问题。以下是一位从年轻时就与社群一同成长至今的社群领袖说过的话：

"如今的技术发展速度非常快，再加上能够通过社交平台实时共享信息，所以我时常有种连喘口气都是奢侈的感觉。社群成员之间也相互竞争和察言观色，彼此的关系早就今非昔比。记得以前好歹每年有两次活动，而且社群成员们也能坐到一起，谈天说地，好不热闹。但现在的社群却有点变味了。不同的社群之间就像攀比似的竞相举办线下聚会或活动，实在太累了。"

由于从小就在充满竞争的环境中学习，加上不甘落后的民族性格，以至于韩国人对休息这件事情都十分吝啬。但我们需要明白，只有好好休息才能走得更远；只有具备更开阔的心胸才能包容更多的人。

拥有热情，但不要被它所左右

其实，我也曾一度认为，做任何事情都应该认真、竭尽全力，但直到过了不惑之年，我才明白并不是所有的时候都应该如此。

之前提到过，我原本只负责管理韩国的微软社群领袖，但后来被公司任命为管理澳大利亚和新西兰的经理。一段时间后，微软从澳大利亚当地招聘了一名 30 岁出头的女员工担任澳大利亚的负责人。而我，则被微软总部任命为负责管理东南亚区域社群领袖的经理。

对于那位比我年纪小很多的澳大利亚负责人，我尽心尽力地给予了她各种指导。同时，我还将自己多年来积累的经历和经验倾囊相授，力求当一个最好的前辈。当她来到韩国时，我还邀请她到家里做客，为她的恋爱出谋划策。

可是有一天，在总部工作前程似锦的我的直属上司，突然宣布要离开公司。不只是我的直属经理，就连原有的部门都整个消失不见。而我所在的部门则合并到毫不相干的云 &AI 部门，之后很长一段时间连一点动静都没有。原本每天都能收到数十封邮件的邮箱也变得风平浪静。由于无处申冤，我只能一天天焦急地等待着。然而有一天，当公司发布人事任命时，我突然发现，那位比我小 10 多岁的、我曾经尽心尽力指导过的澳大利亚经理成了我的直属上司。我感到一阵头晕目眩。活了 40 多年，我生平头一次遇到这样的情况。

"唉，我究竟做错了什么"

在接下来的一段时间里，我的精神状态总是恍恍惚惚。我不知道该如何接受这个事实。一直以来，我都在尽全力做好所有的事，也没有犯过任何错误。为什么公司会发布这样的人事任命呢⋯⋯

那个时候，我算是狠狠地经历了一番所谓的中年危机。所有的问题一下子都爆发出来——健康、家人、经济状况等各种问题接踵而来，让我难以招架。如今回想起来，当时的我应该是患上了心身耗竭综合征。

在生孩子和养育孩子期间，除了最基本的 3 个月育婴假，我似乎从未好好休息过。在我每分每秒都认真对待生活的时候，突然接到意料之外的人事调动，加上经历了中年危机，我发现世界一下子变得陌生起来。而随着心态的变化，我对工作的欲望也一下子跌到了谷底，甚至到了立刻辞职也丝毫不觉得可惜的地步。之后，我搬到了面积更小，但更靠近自己喜欢的山林的房子里。之前从没申请过的年假也一次性全都用完。休假期间，我几乎什么都没做，只是爬爬周边的山、到外面散散步、读读书什么的。总之，我让自己的心彻底闲了下来。

而当我放下心中的欲望，放空了烦恼之后，那位比我小

10多岁的年轻经理拉娜的优点开始在我的脑海中浮现。首先，她是一位十分纯真的姑娘。虽然是纯白人血统的澳大利亚人，她却对自己的先祖残忍对待澳大利亚土著居民的事情怀着强烈的负罪感。我虽然遇到过很多澳大利亚人，但拉娜是第一个如此坦率地跟我讲述这件事情的人。拉娜当时有一个比自己小几岁的男朋友。她的男朋友小时候被人从巴西领养到澳大利亚，与家中其他被领养的孩子一起长大。拉娜与他交往时，他刚刚被公司解雇，于是就寄居在拉娜住的小公寓里。后来，他在拉娜的帮助下成功找到了工作。尽管如此，拉娜也表示自己喜欢男朋友豁达的性格。总的来说，拉娜是一个有判断力、善良及有担当的人。

最重要的是，拉娜很擅长处理文档，她做报告的能力非常出色。哪怕遇到再复杂的问题，她也能冷静地进行处理。即使会议中有人拔高嗓门坚持自己的主张，她也能认真地提问、倾听，然后制作报告书。即便没有人要求她这么做，她也依然会如此。而当许多人失去方向彷徨时，这份报告书会给他们带来极大的帮助。总之，她是一个工作能力十分出色的人。

不过，她并没有沉迷于工作中无法自拔。也许是澳大利亚人天生就善于放松身心，她经常会申请长达10天、20天的假期。每次到大自然中露营，或是到高山上、到风景优美的地方走一走、蹦一蹦、跑一跑之后，再回到公司，她又会重新发挥出之前那种彬彬有礼、冷静、细心的领导力。

我渐渐喜欢上了拉娜。她大气、不居高临下、游刃有余的领导力让我为之倾倒。虽然是比我小 10 多岁的年轻人，她却能让我怀着敬意虚心学习。直到有一天，拉娜登上了更高的职位，而临走时，她将自己负责的亚洲区经理的职位交给了我。

　　社群领导力也是如此。只有自己或社群"元老"才能胜任——这样的偏见会夺走新成员们的活力。如此一来，不会再有新的成员或年轻的血液补充进来，社群也会停滞不前或解散消失。当完成了某一学习目标，或出现新的学习目标时，我们有必要退后一步进行观望。当然，也要做一名知道时常给后辈们买比萨、买炸鸡吃的好前辈……

　　现实中，通过社群成长并成功的人回馈社群的例子也很多。例如，曾经通过社群学到各种技术，并成功开创自己事业的 GameHub 公司金虎光总裁就是领导者前辈中的佼佼者。有传闻说，他为了给那些连名字都不知道的技术社群里的后辈们买比萨而支出的餐费就多达数千万韩元。而这些也是为了技术社群的成功而表现出来的珍贵领导力。

　　倘若出现了职业倦怠的情况，我们有必要放下手中的一切。另外，对于一些人生中重要的事情（比如恋爱），我们需要懂得权衡轻重。因为调整速度，即找到平衡点，并非只适用于工作方面。如果能够提前在社群中进行心怀热情，但不被热情左右的练习，那么当人生中的艰难时刻来临时，我们就能更容易地克服过去。

还有，难道你们就不好奇为什么年轻的拉娜能拥有比不惑之年的我更睿智的领导力吗？我认为，这是因为她一直参加社群活动，而她其实是一个全球性 SQL 社群的老到的领导者。

培养未来人才的
家长指南

懂得学习的乐趣最重要

我常常思考，如果是年龄很小的学生，或者是这种学生的家长阅读这本书，他们会需要什么样的建议。最好的方法无疑是用长远的眼光，培养孩子种种符合自己预期的社群领导力。但问题是，对于那些习惯于快速找出正确答案的父母们来说，最难的就是抱着长远的眼光去等待。

事实上，对于从前只要能考出好成绩就能上好大学、找好工作的父母们来说，看到孩子拿着习题册坐在书桌前的时刻，无疑是最令人放心的；或是看到孩子在辅导班一直学到很晚才回家，他们就会感到无比欣慰。

直到看着大学毕业的子女找不到出路而彷徨的时候，他们才会发觉"好像有些不对头",但这通常为时已晚。最大的问题在于长久的学习会磨灭掉孩子学习的乐趣。说来也是,如果不知道学习的目的,只是为了应付竞争和考试而埋头苦学,怎么能体会到学习的乐趣呢?

我们往往会通过各种方式学习各种知识。有些人习惯阅读,所以在学某些知识之前,通常会先看一遍书;有些人会找到该领域的专家,请求他们的指点;而有些人则会在老师的教授下学习知识。另外,学习不同的知识时所采用的方法也不尽相同。但问题是与自己学习时不同,在教导孩子的时候,我们往往只会强调几种有限的方法。小时候因一次偶然的机会看到柜台里陈列的电脑,被它的魅力所征服,长大后成为程序员、技术专家的微软金明信部长说:

"我从小就喜欢各种与电脑有关的东西。后来,我通过电脑技术考上大学,又通过电脑技术找到工作。但我听妈妈唠叨得最多的一句话就是'不要玩电脑,赶紧去学习'。哪怕是现在,她偶尔也会叮嘱我少玩电脑,即使'玩电脑'就是我学习和工作的方式。"

孩子一旦产生了好奇心,即使大人放任不管,他也会主动去学习,找出最适合自己的学习方式。最典型的例子就是史蒂夫·乔布斯和沃兹尼亚克的成长事迹。

在韩国，人们通常只强调史蒂夫·乔布斯爱读书的事情，但很少会谈及他小时候在邻居叔叔家的车库里看到对方组装电子产品的情景后，就主动去学习电焊，以及电器和电子的基础知识这些事情。

即使在遇到计算机天才沃兹尼亚克之后，他也经常开一些无聊的玩笑，或组装一些看起来毫无用处的电子产品，过着悠闲的生活。后来到了16岁时，为了赚零用钱，史蒂夫就在一家二手电子元件商店打短工。那期间，史蒂夫锻炼出判断电子产品元件价格的好眼力。

正是因为在现实生活中全身心地学习各种知识，21岁的他才能在同龄人还在上学时，运用在学校里从未学过的知识，组装出名为"苹果I号"的第一台商用电脑的电路板，从而获得巨大的成功。而仅仅4年之后，25岁的乔布斯已然成为资产达两亿美元的富豪，并成长为足以改变世界的人物。

如果史蒂夫·乔布斯和沃兹尼亚克出生在韩国，又会如何呢？在得知自己的孩子从小对科学感兴趣后，他们的父母多半会找来各种有关电器、电子的书籍让他们读，或者为了找那些知名的辅导班而四处奔走。此外，为了让他们能进入天才学校或科技大学，他们说不定从小学开始就被要求每天做100道数学题。为了忍受令人厌倦的学习，他们说不定就会沉迷于各种电脑游戏。而原本的好奇心和求胜心，以及对学习的欲望就会渐渐被消磨殆尽。

通过实践学习的好处

"学东西一定要进行实践。要学会做某件事的方法。具体的教程在网上就可以搜到。"

创新学院李民石教授表示：在软件工程系担任教授、给学生们讲课期间，自己一直都在思考什么样的学习方法效率最高。

"如果让学生们制作一些东西，他们十个人里就会有十个人去买书来学习。可是看完之后，他们就会觉得书里的内容很难，于是，又买来其他书继续看。总之，他们会一直这么学下去。我实在看不过去，就叫他们制作其中最简单的东西。例如，给他们布置制作照片墙的作业，第一天让他们抓屏，第二天让他们制作登录页面，第三天让他们用 HTML 制作网页。至于制作方法就让他们到 GitHub 等网站上自行搜索。这样的话，他们从第一天就能尝到成功的滋味。而做完这些之后，回头再看买来的书，上面的内容就比较容易理解了。"

事实上，史蒂夫和沃兹尼亚克最初制造出来的电脑十分简陋、粗糙。但如果没有这一过程，就不会有如今的苹果公司。所以，即使觉得生疏，也有必要自己动手尝试一下。如果有不明白的地方，可以通过网络或书籍解答疑惑，也可以直接询问老师。而大人们该做的事情则是远远地观望，在孩子表示需要的时候，提供一些小小的帮助就可以了。

我的儿子从小就喜欢火车。他特别喜欢坐火车，所以一到周末，我就会带着他去乘坐各种火车。或许是坐过全国大部分火车的关系，现在的他最有自信的科目便是地理。

此外，我还会经常找一些与火车有关的书给他看。有时，他也会跟我一起上网找资料。例如，我在搜索引擎上搜索"火车"，他就会浏览网页中的各种火车照片或视频。有一次，我们发现了一个个人网页，上面上传了一些火车的展开图。之后，儿子就打印了许多火车展开图，用来拼火车玩。最终，拼火车展开图的游戏逐渐扩展为收集各种世界建筑展开图并进行拼装的游戏。

他制作的各种火车和建筑物越来越多，最后家里都快装不下了。于是，我就拍下它们的照片，上传到儿子的博客上。等儿子升到小学高年级，有了自己的智能手机后，他就开始亲自运营自己的博客，也会跟博客上认识的一些对交通工具感兴趣的博主进行交流，开展自己的社群生活。

如今，他感兴趣的领域除了火车，还有飞机和城市设计。为了调查一些特殊的交通工具，他还与社群成员们一起去拍摄各种照片。在这些社群成员当中，不仅有像我儿子一样的小学生，还有很多大学生，年龄跨度非常大。最近，刚上初中一年级的儿子与其他高中生、大学生哥哥们一起，走了整整14公里的路，然后又在烈日下等了好长一段时间，终于拍摄到唐纳德·特朗普总统访问韩国时乘坐的"空军一号"飞机的照片。每次提到这件事情，儿子都一脸得意。

随着他博客的影响力不断扩大，他每天花费在管理博客上的时间也越来越多。我明白，对学习来说最重要的就是实践的过程，所以我大多数时候都会默许儿子的这种做法。

虽然儿子没有先学习数学，但他的梦想很清晰。那就是成为一名城市工程师，打造一个具备完美交通设施的未来城市。我十分好奇，日后儿子的兴趣和好奇心会延伸到什么样的领域。不过目前，我和儿子都非常享受这一过程，所以我并不奢求更多的东西。

能够传给下一代的社群领导力"DNA"

事实上，放下对学历的期望、百分百地相信自己的儿子，并不是一件容易的事情。更何况，这个世界上每天都在发生着太多危险的事情，所以盲目地将年幼的子女暴露在社群中，也不见得就是正确的行为。其实，我遇到过的很多社群领袖都有着这样的顾虑。不过，也有不少优秀的社群领袖，能将自己的社群领导力"DNA"传给下一代。下面我就来讲讲其中一些人的例子，希望能够给大家带来一些帮助。

身为 SK 电讯公司 AI/DT 部门的主管，以及韩国 Spark 用户群的运营者，并身处养育着 3 个孩子的双职工夫妻家庭，金勋东先生每天都忙得不可开交。但是在各种社群活动中，我们经常能看到他神采奕奕的样子。虽然兼顾工作和家庭的压力很大，但技术社群的各种活动也赋予了他极大的动力。因此，他总是面带微笑，走路也是虎虎生风。据说，他在家里也是一位好爸爸，而且在教育孩子方面很有心得。

金勋东出生在光州，从小学到高中，都是在老家上的学。上小学时，有一次他到朋友家里玩电脑游戏。从那以后，他就迷恋上了电脑，就连后来上大学时选的专业也是计算机工程学。他能成为新世界大数据团队的负责人和 SK 电讯 AI/DT 部门的主管，也多亏了一直陪伴他成长的技术社群的帮助。因此，他对自己的社群有着别样的情结，直到现在也从不缺席社群聚会，还会随时在社群论坛中解答成员们的问题，积极地在线下研讨会发表演讲。

鉴于自己和其他业界翘楚大部分人都有小时候就接触电脑的经历，所以他在大女儿上小学一年级的时候起，就教她用 Scratch 工具进行编程。不过，由于工作忙碌，没办法一直抽出时间来教她，所以金勋东就找来 YouTube 上的内容创作者们制作的教学资料给女儿看，让她自己照着上面的内容进行学习。有了实际编程的视频可以借鉴，到一年级期末时，他女儿很轻松就学完 Scratch 工具的所有教程。此外，因为熟悉 Scratch 工具的使用方法，她甚至还能够用它来制作出一些简单的游戏。

　　"近年来，很多家长经常因为孩子使用手机和玩电脑游戏的问题而跟孩子起争执。于是，我就给了女儿一点'甜头'，如果是她自己制作出来的游戏，她就可以比平常多玩一会儿。没想到她不但用弟弟们的照片替换了自己用 Scratch 工具制作的游戏角色的头像，后来甚至还能直接使用 Windows 系统里的画板来制作游戏里的卡通人物。"

　　后来，金勋东将一款名为 PaintTool SAI 的绘图软件介绍给自己的子女。没想到，他们就像当初学习 Scratch 工具一样，不但通过 YouTube 上的视频教程掌握了使用这款绘图工具的方法，甚至还能独立创作漫画。到了小学三年级时，他们已然成长为青少年社群的领导者，经常在 NAVER 知识人上为别人解答各种有关 "PaintTool SAI 使用技巧及制作网络漫画的方法" "利用专业设计平板电脑制作动画的方法" 等方面的提问。

　　看完金勋东的事例，我不禁想到，现在父母们是时候站出来参与对孩子的教育了。尤其当父亲是先行探索孩子未来职业的人，即便不是软件工程行业也没有关系。例如，我认识的一个孩子原本只是在父母开的金店帮忙，但没过多久就自己创建了一个网上首饰销售平台。现在的父母们所从事的工作，将来大部分都会由我们的儿女进行改革，以适应时代的变化。

因此，为了自己的孩子，以及未来一代的成长，我们是否应该率先发挥与自己职业相关的社群领导力呢？在 20 世纪 70 年代，硅谷聚集着很多电器、电子领域的工程师，他们与韩国的爸爸们有着极大的不同，那就是他们的兴趣和职业是有关联的。例如，到了周末，他们会在自己的车库里搭建工作台，组装各种电子产品。于是，像乔布斯、沃兹尼亚克等好奇心重的"熊孩子们"才会经常光顾邻居叔叔家的车库，学习各种有关电器和电子的知识。从结果来说，他们其实对苹果公司这一杰出技术企业的诞生起到了至关重要的作用。我相信，若是韩国的爸爸们能够积极参与到孩子的教育当中，说不定韩国也能诞生无数个史蒂夫·乔布斯。

在这个行业，高中学历的实力派比比皆是

相同的例子还有编写了 40 多本 IT 图书的金道均作家。据说，他的儿子最近刚刚从软件工程师高中毕业，而且马上就找到了工作。他打算积累更多的实务经验，并在解决兵役问题后，再进入大学攻读计算机工程学，努力成为一名硅谷的软件开发者。

金道均偶尔会参加一些海外的会议，而他通常都会带着儿子一同前往。尤其是儿子在初中一年级时到硅谷旅行的经

历，成为他树立当软件工程师这一梦想的重要契机——他不仅亲眼见到在网上认识的谷歌工程师，还与对方一起就餐，算是体验了一把梦想成真的感觉。

而在梦想逐渐清晰之后，他就开始主动学习自己所需的知识。除了学习数学等科目，他还阅读了《人与机械的战争》《君主论》、卡尔·萨根的《宇宙》等书。因为想要考上软件工程师高中，就必须在面试时展现自己通过广泛阅读积累下来的丰富知识储备。

除此之外，他还会看一些讲解 Python 的入门图书，不断积累自己的编程知识，并在 Python 等会议上发表演讲，锻炼自己的社群领导力。

严格来说，无论是比尔·盖茨，还是史蒂夫·乔布斯，他们都只有高中学历。在微软公司，我见到过很多像他们那样拥有出色能力的高中学历的员工。当然，只有高中学历并不意味着他们不喜欢学习。软件行业本来就是需要不断学习的行业，所以很多人都会通过互联网大学、书籍、网络课堂等方式学习自己所需的知识。

像这样，将实际工作和学习并行时，学习效率就会得到极大的提高。事实上，参加工作一段时间后再考上大学，最终获得更大成功的人不在少数。近年来，很多跨国企业都逐渐认可和优待社群领袖，无论他们的学历如何。受此影响，韩国的本土企业也渐渐开始关注社群领袖。

我的一位脸书上的好友，就是一个高中学历的软件开发者。他曾告诉我，有一家企业之前因为他只有高中学历就在面试中将他淘汰了，但当他成为谷歌 GDG（Google Developer Group）的社群领袖时，那家公司居然主动向他发出了邀请。这件事情虽然听起来有些好笑，但我真心希望社群领袖受尊敬的时代能够快点到来，不再有人因为文凭和学历而遭到不公平的待遇。

父母做榜样的精英领导力

大概一个月前，我突然收到总公司的负责人发来的一封邮件。这封邮件是他发给自己部门经理们的群发邮件。这位负责人出生于加拿大卡尔加里附近的一个小村庄，是一位非常严谨的上司。

这封邮件以"经理团队的伙伴们……"为开头，所以我也以口语的形式给大家翻译一下。

"想必大家都知道，我从很久以前就一直计划着收购一支青少年曲棍球队。因为我一直非常感激我儿子效力的青少年曲棍球队，它帮助我们积累了这一生都难以忘怀的宝贵经验。对了，所谓青少年曲棍球队指的是由 16—20 岁的少年们组成的球队。经过这几年的寻找，我终于在自己出生和成长的城市卡尔加里物色到一支满意的球队。虽然这支球队中不乏一些出色的青少年运动选手，但球队需要有人发挥领导力，引导他们走向正轨。

"从明天凌晨零点开始，我就是卡尔加里青少年曲棍球俱乐部的最高理事兼代表。由于这家俱乐部是非营利团体，所以能够满足我对曲棍球的热情和想要回报社会的想法。这让我感到十分高兴。接下来，我将组建一个由大约 12 名成员组成的理事会。现在已经有几位技术专家、活动策划人员、管理人员、能源行业的人士及两名女性企业家答应我，要跟我一起经营这家青少年曲棍球俱乐部。当然，负责每天的具体事务的经理还需要另行招聘。我主要会在每天晚上、周末及休假期间参加俱乐部的活动，所以不会影响到公司的业务。原本俱乐部的计划是在明天中午召开正式发布会，但我还是决定先跟大家透露一下。因为我现在忍不住想要跟大家分享这份喜悦……"

读完这封邮件后，我想了很多。最强烈的一个想法是："啊，能有这样的领导者，真是不错。"在我们这个时代，什么样的人才能算得上出色的领导者呢？我不由联想到韩国的那些领导者们。

我所知的领导者们大多都是为了公司和团队倾注自己的时间和热情，从而实现别人难以企及的成就的人。他们往往会为了让子女继承自己积累的财富和名誉而付出各种努力。例如，给子女安排最好的学校和最好的老师，在物质上给予最大的支持，让子女能够考上顶尖的学府。而在这种教育方式下成长的孩子们，只要在某个方面表现得十分出色，就会被暗暗贴上成功人士的标签。于是，这些子女就会成为我们社会的精英，从此走上与他们的父母相同的道路。因为除了自己的父母，他们的心中并没有其他值得标榜的存在。

而在读完这位负责人发来的邮件后，我似乎看到了一种崭新的领导者、崭新的精英榜样。他通过认真工作登上高位后，又将自己的财富回报社会的做法，让我感受到了某种更高层次的东西。如果他只是给曲棍球队进行了赞助，我绝不会产生这样的感受。

虽说他是微软的管理阶层，但毕竟只是一个上班族，不见得能积累多少财富。事实上，在美国这种消费水平极高的发达国家，在扣除高昂的房产税和抚养孩子的费用后，剩下的估计也不会太多。但即便如此，也要将自己和自己的子女经历过的感动传达给下一代孩子们的努力，在我看来，确实很值得称道。

另外，组建一个 12 个人参与的社群，这个决定也十分明智。毕竟做一件好事的意义再大，如果只有自己一个人在做，那肯定会很无趣，也容易懈怠；另外，当自己独自领导一个团队时，很容易形成独断专行的局面。

试想一下，即使到了 50 岁，也能焕发对曲棍球的热情，并在社群中实现跟儿子一样的梦想，这样的人你难道不觉得很帅吗？

擅长的事情 vs. 喜欢的事情 vs. 该做的事情

人生并不公平。能做喜欢的事情固然很好，但想要做到这一点并不容易。况且，一个人也不可能一辈子只做自己喜欢和擅长的事情。有很多事情，即使不喜欢，我们也要做。尤其对教育来说更是如此。不过，如果说以前的教育注重"多做"，那么现在我们则要在自己喜欢的事情、擅长的事情及必须要做的事情之间做权衡。

当然，若是认为自己或自己的子女是天才，那么也可以只做自己喜欢的事情。但问题是，普通人在看到这种天才后，就会不断"折磨"自己。事实上，这些天才的人生也存在很多困境。因此，我们不要总是想着拿自己跟他们做比较，而是应该在上述三点之间找到平衡，以适合自己的方式去成长。对于喜欢的事情和擅长的事情，我们可以通过这本书中介绍的社群学习的方法来掌握。不过，作为学生，最应该做的事情就是上学，即要忠于校园生活。

韩国的公共教育在世界范围内都算得上是高质量的。因为它是无数教育学者们反复研究而建立的教育体系。学校的所有科目之间形成了有机结合，能够有效地提高学生走入社会时所需的最基本的素养——同理心。不过，有一点需要注意，那就是不能依赖提供捷径的私立教育，而是应该由学生自主进行预习、复习，以及上课时认真听讲。此外，在准备考试的过程中，要充分了解自己的长处和短处，多关注自身的成长，而不要一味跟别人做比较。只要能够切实地实践这个过程，不再纠结分数或排名，那么，想要成长为一个健康的社会人也并没有那么困难。另外，当把私立教育的影响力降到最低时，服务于公共教育的老师们说不定就能重新燃起自己作为教育者的使命感。

但是，对于那些从小时候就一直要做的事情，没有必要消耗过多的精力，尤其是在学习上。校园生活并非只有学习，还包括与老师和其他同龄人建立人际关系，提前学习社会生活等。最近，学校中也有很多小组讨论活动和社团活动。这些都是能够培养社群领导力的好途径。

就学校的学习来说，相较于为了眼前的考试成绩而学习，我更希望大家将学习视为锻炼自己的过程。在这个过程中，大家要努力了解自我和最适合自我的成长方式。例如，我喜欢什么科目，擅长什么科目；我是如何克服困难的；最适合我的学习方法是什么样的，等等。只要到社会上看一看，就会明白，学校里的第一名未必就是社会中的第一名。与学校里的成绩和名次无关，只有最了解自己、找到适合自己的方式堂堂正正地生活下去的人，才是真正的"人生赢家"。

懂得等待的父母会造就人才

　　很多专家都强调，要让孩子了解学习的乐趣。不仅是我，我遇到过的众多社群领袖当中，没有一个人不喜欢学习。但在别人的命令下，或者在强制性的环境中，人们很难体会到学习的乐趣。如果孩子对某一个主题有兴趣，无论是什么主题，我们作为父母都应该给予鼓励，并在背后默默地支持。如果父母给孩子找好补习班，又充当司机，像这样安排好一切，那么孩子自行思考和提问的能力就会变得越来越弱；如果父母太过执着于眼前的考试成绩，那么孩子本该用在未来的能量和精力就会被提前消耗殆尽。在 NAVER 公司工作的 20 多岁的申正雅小姐的例子就能很好地证明这一点。

　　申正雅小姐在大学毕业前就成功就职于大型企业。目前，她每天都会跟比自己大十几岁的专家们一起研究 AI 技术，并创造各种 AI 服务。如果只看她的履历，很多人都会将她视为天才或学霸。对于人们这样的猜测，她害羞地笑了笑，告诉我：

　　"我有一个哥哥，父母一直对他抱有很高的期望。他从小就要上各种辅导班。从不到 10 岁开始，他每天都要在辅导班学到半夜 12 点才能回家。我至今都记得，有一次父母答应哥哥，如果他能考第一名就给他买一只小狗。为了实现这个愿望，哥哥只能忍住想玩的冲动，拼命地学习。但是，当哥哥考上第一名，如愿以偿地得到小狗后，他却没有想象中那么高兴，反而伤心地'哇哇'大哭起来。或许是在那么小的年纪，想玩却不能玩，只能一个劲儿地学习的情景让他很伤心吧。总之，一看到哥哥哭，我也莫名其妙地跟着哭了起来。"

然而，到了他小学高年级的时候，被强迫学习的后果开始渐渐显现。进入青春期后，哥哥开始关上自己的心门，变得沉默寡言，对学习也失去了兴趣。最后，原本名列前茅的他一下子成了垫底的。

"看到哥哥的变化后，父母的想法也发生了转变。他们觉得与其让孩子这样沉寂下去，还不如'放养'，让他去追求自己想要的生活。托哥哥的福，我在上小学的时候，每天都能和哥哥一起玩'冒险岛'游戏。哥哥说跟电脑对打没意思，于是就教我打游戏，好让我跟他一起玩。那段时间，每天晚上放学回家，我就什么都不做，只跟哥哥打游戏。玩得最疯的时候，我们一天能打 15—18 个小时，常常玩到游戏屏幕弹出休息警告，才会罢休。"

也许是因为父母给予了耐心的等待，上了中学之后，正雅的心中渐渐产生了对学习的渴望。后来，以参加中、日、韩历史夏令营为契机，她突然有了想要学习外语的念头。出于想要跟外国人交流的想法，以及对异国风土人情的好奇，她格外认真地学习外语。而对外语的兴趣，不仅令她产生了要考上外国语学校的愿望，还令她戒掉了游戏。最终经过3年的认真学习，她如愿以偿地考入了位于仁川的新外国语高中的中文班。然而，当高三第一个学期即将开始时，她偶然在电视节目中看到有关 JENNIFERSOFT 软件公司的消息。之后，她果断地给那家企业的总裁写了信，表达了自己想要参观他们公司的愿望。在参观这家公司时，她与公司里的总裁和众多程序员们进行了一番交流，最终下定决心要往软件方面发展。于是，在高三时，她就将自己的专业从文科调转为理科，然后通过 EBS 等方式补足自己缺乏的数学知识，而上了大学之后，她又通过社群活动，拓展了自己的知识宽度。

事实上，这样的事例在社群领袖当中相当常见。无论学历高低，只要产生了想要学习的动机，可选择的学习方法有很多，根本不是问题。

大家想要将自己的子女培养成未来社会需要的人才，好让他们能够自信地生活下去吗？那么，我们不妨将目光放远一些，相信自己的子女，耐心地等待。要知道，能够克服任何困境的力量，正是来源于童年时期父母所展现出来的淡定自若的生活态度和对子女的绝对信任。

父母和孩子一起培养的社群领导力

从父母的立场上来看，或许到了 25—30 岁时，孩子才勉强算得上完全长大了。这个过程就像是马拉松一样。而马拉松选手们很少会在刚出发时就全力冲刺。他们普遍会根据自己的体力调整步伐，直到快要抵达终点线的时候，才会全力冲刺。除了韩国等部分亚洲国家，其他国家的教育跟马拉松很相似——他们在小学、中学乃至高中时期的学习都十分宽松，但上了大学之后立刻开始变得紧张起来。

反观韩国的父母则对孩子非常严厉。因为他们担心如果孩子前期的学习太过宽松，说不定将来就考不上大学。然而，即使没有大学愿意接纳我们，也不等于没有出路。我们如今就在迎接这样的时代。这也可以算是技术发展带来的一项福利。从前，我们只能在学校里学习知识，而如今，线上和线下都不断地涌现出各种形态的大学。因此，我们完全可以根据自己的情况和个性来选择，再通过社群领导力掌握最有效的学习方法。

如果没有公司需要我，或找不到我想要进入的公司，那么我们完全可以考虑自主创业或创职（创造新的职务或职业）。下面是正在一所大学中提供创职咨询的裴俊吴 MVP 的原话：

"此时此刻，世界上有很多新的职业正在不断诞生。这也是众多企业和国家对创职进行投资的理由。"

如今，市场逐渐向个性化、定制化靠拢，很少会有像以前那样一下子冒出大量工作岗位的情况发生。但同样地，未来会出现无数崭新的职业和工作岗位，所以我们需要根据自己的兴趣和实力，不断培养社群领导力，从而灵活地应对挑战。

通过之前的事例，相信大家都已经明白，成长不是孩子或父母一两个人的事情。正如社群能包容多样性，同时引导所有人一同成长一样，父母和孩子同样能够在社群中带动彼此成长。与父母一起自然掌握的社群领导力，将成为孩子最坚实的后盾，无论将来遇到什么样的困难，都能帮助他们克服过去。此外，与父母一起在社群中寻找出路的经历会成为孩子人生中最珍贵的回忆。

我们应该明白，成为好父母的方法并非拼命地赚钱，然后将这些钱投资于孩子的课外辅导。如果你之前这样做了，是因为你还不知道有其他的好方法，而现在，你就应该通过书中讲述的其他社群领袖的事例，寻找最适合自己或子女的学习方法。

这是一个革新的时代。过去正确的，有可能现在就是错误的，而到了未来，谁也不清楚到底会是正确的还是错误的。这也是为什么我们要在社群中不断编织专属于"我"和"我的孩子"的故事。

新加坡和澳大利亚
有趣、幸福的
社群领袖们

　　一直以来，人们都将"为了未来而放弃当下的兴趣和幸福"视为一种美德。但是随着"90后"的登场和一系列社会变化，人们不再将所谓"蚂蚁人生"视为美德，反倒是"享受当下、追求自己的幸福"逐渐成为现在和未来社会一项重要的道德标准。

　　事实上，在东南亚拜访众多社群领袖时，我就已经感受到了这种变化。因为自始至终，相比有些深沉的韩国社群领袖们，这些地区的社群领袖们看上去更愉快、更幸福，往往能创造出更多的成果，成长的速度也更快。出于好奇，我聆听了他们每一个人的故事，也将在下面分享给大家。

　　记得那是 2016 年的夏天，我刚刚从管理韩国、澳大利亚及新西兰社群的项目经理升职为掌管整个东南亚社群的项目经理。在可以俯瞰滨海湾金沙酒店的新加坡微软 APAC 办公室中，我策划了一场新加坡 IT 社群领袖们的聚会。举办这场聚会的目的是帮助这些运营各种社群的领导者们拓展人脉，同时介绍最近微软正在开展的云服务，并给相关社群的创立提供便利。

通过这次聚会，我切身感受到新加坡同澳大利亚一样，也是由各种不同的民族组成的国家。聚会中，除了新加坡的主流人群——华侨之外，还聚集着印度人、马来西亚人、菲律宾人、印度尼西亚人、法国人、美国人、日本人等来自不同国家的社群领袖们。起初，策划这项活动的时候，我感到十分苦恼。因为我要提出一个能够令这些来自不同的国家、不同社群的领导者们产生共鸣的主题。但不久之后，我发现那个主题就是"以技会友"。这些社群领袖们虽然来自不同的民族，却有着很多相同的特点——那就是对技术的热情和无私分享知识的善良意志，以及对学习和成长的渴望。

通过这次聚会，我从这些社群领袖们的口中听到了各种故事，但它们最终都可以归纳为一句话：社群领导力是令他们获得成长的养料；正是因为有了社群，他们才能梦想到有趣、幸福的未来。最令我印象深刻的是一位来自印度的普通移民——穆罕默德·费泽尔充满激情的演讲。

费泽尔目前在微软公司担任亚太区的云技术负责人。无论在成为微软员工之前，还是之后，他对社群的喜爱始终不曾改变。他依然会在新加坡云社群中分享日新月异的技术，在有困难时与其他成员们守望相助。

　　"我只是一名普通的移民者，但一直以来都是社群帮助我在新加坡社会立足，使得我能够与家人们一起幸福地生活。因为有了在社群中相遇的众多伙伴，我才能成为如今的我。"

　　基于对社群的感激之情，他每周都会通过博客，分享自己掌握的知识，但他没想到的是，这些努力反过来又加深了自己的知识和思维深度。

　　"每到周六早上，我都会整理自己一周以来习得的技术，然后冷静地思考。我只是想为社群做些事情，结果又让自己掌握了更有深度的知识。"

　　他在博客上上传的内容，为那些学习相同技术的人们提供了很大的帮助，而受他恩惠的人们又会将他整理的文章分享到推特或脸书上。所以，费泽尔能成为新加坡及亚太地区的云技术专家，显然是再正常不过的事情。

　　然而，这样的事例在新加坡不胜枚举。刚刚研究生毕业的肯尼斯就是其中之一。肯尼斯是土生土长的新加坡人。在离研究生毕业还有半年多的时候，他因为一次偶然的机会遇到了刚刚抵达新加坡、正在积极地宣传社群领导力的我。当时，他效仿自己的企业家父亲创立了一家小公司。不过，他的公司一直都不温不火，所以他正在考虑要不要关掉它，专心做一名上班族。然而，在与我交流过后，他意识到社群领导力对自己事业的重要性，于是从我推荐的社群中选择了一个最适合自己的社群，积极地参与各种活动。

"有了在研究生院中学到的理论和实际业务的结合，我学得更起劲了。起初，我只是在少数学习小组成员面前演讲，后来，我渐渐有机会在越来越多的听众面前发表演讲。"

通过这一过程，肯尼斯不但成功从研究生院毕业，还在微软面向整个东南亚展开的技术专员招聘中脱颖而出，最终加入微软公司。而加入微软之后，他不仅在实力上得到了提高，而且他作为技术影响者的影响力也变得更大了。

此外，值得提及的，还有来自马来西亚的双胞胎兄弟——英松和英腾的事例。他们两兄弟虽然只有高中文凭，但对软件编程的热情却不输于任何人。他们二人一直合作经营马来西亚吉隆坡最具代表性的软件开发社群，同时积极地在 YouTube 等社交网站上分享自己学到的技术。

虽然他们只有 20 岁出头，但鉴于他们经营着代表马来西亚的社群，所以也被微软授予了 MVP 头衔。在与他们进行交流时，我发现他们说的英语太难听懂了。除了发音不准确，他们在写文章时也存在很多语法上的错误。

不过，这并没有成为阻挡他们成长的障碍。如今，他们两兄弟成功加入新加坡最顶尖的软件公司，还移民到新加坡。此外，他们还在新加坡组建社群，并利用业余时间积极发展人脉、学习新技术。

我之所以提及他们兄弟俩的事例，就是想要告诉大家，没必要因英语水平不高而退缩，只要有对学习的积极态度和能量，即只要具备社群领导力，其他的都不是问题。

另一个社群的领导者萨提许和森塔米的故事，也是一个很好的例子。五六年前，从印度举家移民到新加坡的他们，在社群中相遇后，立刻成为最要好的朋友。虽然各自精通的技术领域不一样，但他们经常一起组织社群活动和学习，所以对彼此的实力和人品都很了解。因此，每当有好机会时，他们都会相互推荐对方，从而逐渐在新加坡立足。每次有公开演讲的机会，他们都会微笑着说："没有社群，就没有现在的我们。"

就像这样，无数通过社群成长的领导者们都不约而同地陈述着一件事实：自己通过社群活动找到了生活的乐趣和幸福。我在澳大利亚遇到的社群领袖特洛伊·亨特就是一个典型的例子。他通过社群活动一举改变了自己的事业和人生，使得它们完全朝着自己希望的方向发展。

特洛伊原本是一家制药公司的普通员工。当时，他身为两个孩子的父亲，一直过着拮据的生活。不过，每当有空闲的时候，他都会认真学习自己感兴趣的网络安保知识，积极参加各种社群活动，还经常通过社群和社交媒体，分享自己学到的知识。通过这些努力，他最终成为微软安保部门的 MVP。

此后，他更加积极地举办讲座，甚至还出演了讲述网络安保热门话题的电视纪录片，从而一炮打响自己的知名度。然而，兼顾这些活动和公司里的工作显然不是一件容易的事情。他也有些厌倦公司的生活，毕竟每天坐在办公室里完成公司下达的任务也只是为了维持家人们的生计而已。

而因感兴趣而进行学习及分享知识的社群活动，却赋予他越来越多的自信。因为他在社群中付出的努力总能获得大家的认可，同时又有很多人愿意给他提供更多、更好的机会。另外，由于他使用英语提供各种内容，所以即便生活在悉尼，也能与全世界的人进行沟通。

于是，他果断地提出辞呈，离开房价高昂、环境嘈杂的悉尼，搬进一栋可以眺望到广阔迷人的黄金海岸线风景的海景房里。就这样，他逃离上下班的痛苦，涅槃重生般成为在全球舞台上活跃的网络安保专家，实现了自己一直以来最想要的人生。

后来，他使用"Hack Your Career"的昵称，将自己的这些经验在一些大型研讨会上演讲，同时还在 YouTube 上分享。如果你也想通过社群互动，体会人生的乐趣和幸福，不妨去听一听他的演讲。

看到住在美丽海滨的三层楼房中、每天与家人们享受日常的特洛伊，相信很多人会以为他出生在富裕的家庭。然而，我依然记得当初他忍受着枯燥的上班时间，一点点耐心地积累专业知识，同时积极地参与社群活动的场景。但那个时候的他，也和现在一样充满活力，并且看上去非常愉快和幸福。为了实现美好的未来，他不仅懂得忍耐，还懂得享受与社群一同成长的时光。

不过就是愉快地开展了社群学习，却没想到会将梦寐以求的未来掌握在自己手中。或许，只有这样的他们，才能称得上是真正的人生赢家吧！

结语

独自成长的时代已经结束

　　从决定以社群领导力为主题写书到现在，已整整过了 1 年半的时间。一边写着结语，一边回想着这段仿佛一晃而过的时间，我心中颇有些五味杂陈。一开始，我对此并不是很有信心。虽然，在与全球 2000 多名 IT 专家接触的过程中，我逐渐意识到了社群领导力的重要性，但真让我写出来却又是另外一回事了。此外，国际上通用的"社群"的含义和韩国人意识中的"社群"的含义也存在一些差异。尽管现在社群的影响在不断扩大，但韩国国内能够理解和实践真正意义上的社群的人依然很少。因此，在得知我要写这种书的时候，周围人的反应十分冷淡，以至于连我自己也差点失去信心。于是，写书的事情就一拖再拖，被我耽搁了好几个月。

　　而在这期间，我遇到了很多学业有成，但找不到工作的后辈们。哪怕是现在有正式工作的同事们也对自己的未来感到强烈的不安。而在第四次工业革命和人工智能等因素的影响下，世界每天都发生着日新月异的变化，但我们对孩子们的教育方向却始终理不出头绪。

唯独我遇到的那些社群领袖们是例外。在别人都叫苦不迭的时候，他们却像来自世外桃源的人一样，活得非常愉快。不只是在韩国认识的人会如此，我在世界各地见到的人们都对我说过相同的话："能跟社群一同成长，我感到非常幸福。"

于是，我就开始研究为何普通人和社群领袖之间会存在如此大的差距。例如，当前发生的许多时代变化和即将到来的未来，以及社群领袖的特点和对社群的定义等。当然，我花费最多精力的无疑是尽可能多见几位社群领袖，多听他们讲述自己的故事。我努力将他们每一个人的起点、现状及未来都展现出来，但由于篇幅的关系，我无法详细讲述所有人的故事，这让我感到非常遗憾。尽管有些内容没有在书中直接提到，但这本书就是基于他们所说的所有故事而写成的。这本书可以说是我与社群领袖们共同创造的集体智慧的体现。

大家还记得我在序言中提到的愿望吗？我希望大家能够亲身实践社群领导力，哪怕只是一个很小的目标，只要是自己现在所处的位置上能够开展的事情就可以。大家现在还觉得实践社群领导力很难吗？那我就来讲一讲之前提过的在我丈夫身上发生的变化吧。

如前文所说，我的丈夫是一名自由职业者，也是一名演员。在韩国，除了大家熟悉的那些知名演员，还有很多被他们耀眼的光芒所掩盖的不知名演员。在没接到剧本时，他们只能无止境地等待，同时默默地磨炼自己的演技。因此，他们往往要承受着一份连家人们的陪伴也无法治愈的孤独。

在这种情况下，我让丈夫帮忙看看我自己写的 20 多页的初稿，想让他提提意见。但不知为何，在读完那些原稿之后，丈夫突然宣布要建立一个演员们的社群。

后来，丈夫召集了曾与自己一起演出过、性格上也合得来的前辈和后辈们，商定每周一次在固定的时间和地点一起练习演技。他们会选择一部作品，然后分配各自的角色，就像真正拍摄电影时一样，背台词、演戏，还会用手机录下来。之后，他们会剪辑成片段进行分析，并相互评价彼此的演技，力求做到扬长补短。

当我这本书的初稿即将完成的时候，丈夫兴奋地告诉我，通过这样的过程，他身上发生了前所未有的重要变化：

第一，他不再一直茫然地等待那不知什么时候才会到来的剧本。大部分演员都是热爱表演的人。他们只有在表演时才能体会到自己还活着，但奈何演戏的机会实在太少了。而如今，他们可以通过社群自主创造表演的机会，所以感到非常高兴。

第二，他为演员们的相互沟通和诉苦打开了大门。能够与其他社群成员分担相同的苦恼，使他们了解到"世上不止我一个人如此"，从而在心理上变得更加从容。此外，他还能够从其他成员那里及时得知演艺界的最新趋势，并通过彼此建立的人脉，获得更多的机会。

第三，自从有了具体的、可预测的目标后，他心中开始产生不同于以往的强大动力。随着生活变得有规律，人也变得更有活力、更积极。

此外，由于是第一次尝试发挥领导力，有时难免无法将所有社群成员们照顾周全，或与他们在各种意见上产生冲突，但在通过交流消除误会的过程中，他们相互理解的程度也逐渐加深。最重要的是，上述的各种因素使他们焕发出了更大的表演热情。

社群领导力并非空洞的理论。它是一种可以改变自我、家人及邻人，甚至改变社会的纯朴而强大的力量。我很感激丈夫身上发生的一系列变化。因为有了他的故事，我才可以理直气壮地说：社群领导力适用于任何领域，绝不仅限于软件行业。借此机会，我也打算建立一个社群。这个社群的宗旨是为了帮助更多的人找到属于自己的路。大家可以在脸书上搜索"在社群中找路的人们"，在上面分享各种社群的信息和实力，帮助彼此不断成长下去。

当前，我们正处在瞬息万变的技术革新的路上。人工智能、大数据、智能工厂等时刻考验着人类的能力。不，单从物理方面来说，它们的能力早就超越了人类太多太多。但智能机械不具备任何故事，因此也不存在感动一说。而在与智能机械的竞争中，能让我们脱颖而出的唯一武器便是自己正在不断编织的"我的故事"。这个故事在以艰难困苦的舞台为背景时，能转化出更感动人心的力量。

在将自己遇到的无数社群领袖的采访内容进行整理之后，我发现，越是生活在安逸的环境下的人的故事就越平淡、柔和；而反观那些在艰难的环境中生活的人，他们的故事虽然很朴素，却有一种能够打动人心的感动。正是因为有了他们成功打破困境的动人故事，我才有动力将这本书写完。因此，与其不停地抱怨自己所处的环境，不如多关注一下自己正在编写的人生故事。当然，我们同样应该多聆听那些能够与自己的故事形成美妙合奏的他人的故事。

如今，独自成长的时代已成为过去；与他人一同成长，并在社群中寻找属于自己的路这一有趣的时代已经正式来临。

社群学习计划表

第一步　了解自己

在擅长的事情、喜欢的事情、该做的事情之间做权衡。

第二步　制定善良的目标

遵循自己的意愿，让自己感到幸福，与他人共同成长。

第三步　选定深入学习的主题

以自己的兴趣和意志为出发点，或者想要一探究竟的领域。

第四步　制定社群学习的方法

事先考虑好自身的情况或个性，

分析一下各种方法的优缺点，灵活应变。

第五步　培养社群领导力

要适合自己，然后要持之以恒。

以开放的心态，接纳其他不同的人。

版权登记号：01-2020-6149

图书在版编目（CIP）数据

社群领导力：独自成长的时代已经结束 /（韩）李小瑛著；千太阳译.
-- 北京：现代出版社，2021.4
（精英力系列）
ISBN 978-7-5143-8838-1

Ⅰ.①社… Ⅱ.①李…②千… Ⅲ.①领导学－通俗读物
Ⅳ.① C933-49

中国版本图书馆 CIP 数据核字（2020）第 203502 号

Original Title: 홀로 성장하는 시대는 끝났다
Copyright © 2019, Lee So-young
All rights reserved.
Original Korean edition published by TheMaker, Seoul, Korea
Simplified Chinese Translation Copyright © 2021 by Modern Press Co., Ltd.
This Simplified Chinese Language edition published by arranged with TheMaker
through Arui Shin Agency & Qiantaiyang Cultural Development (Beijing) Co., Ltd.

社群领导力：独自成长的时代已经结束

作　　者	［韩］李小瑛
译　　者	千太阳
责任编辑	毕椿岚
出版发行	现代出版社
通信地址	北京市安定门外安华里 504 号
邮政编码	100011
电　　话	010-64267325　64245264（传真）
网　　址	www.1980xd.com
电子邮箱	xiandai@vip.sina.com
印　　刷	北京瑞禾彩色印刷有限公司
开　　本	880mm×1230mm　1/32
印　　张	8.75
字　　数	166 千字
版　　次	2021 年 4 月第 1 版　2021 年 4 月第 1 次印刷
书　　号	ISBN 978-7-5143-8838-1
定　　价	55.00 元